2nd Edition

Scott Kelby

the **Adobe**

for **Lightroom Users**

# Photoshop

스콧 켈비의 **라이트룸** 사용자를 위한

# 포토샵 CC 2019

스콧 켈비 지음 | 홍성희 옮김

정보문화사
Information Publishing Group

스콧 켈비의
# 라이트룸 사용자를 위한 포토샵 CC 2019 2판

초판 1쇄 인쇄 | 2019년 4월  5일
초반 1쇄 발행 | 2019년 4월 10일

지 은 이 | 스콧 켈비
옮 긴 이 | 홍성희

발 행 인 | 이상만
발 행 처 | 정보문화사

책임편집 | 최동진
편집진행 | 김지은

주    소 | 서울시 종로구 대학로 12길 38 (정보빌딩)
전    화 | (02)3673-0037(편집부) / (02)3673-0114(代)
팩    스 | (02)3673-0260
등    록 | 1990년 2월 14일 제1-1013호
홈페이지 | www.infopub.co.kr

I S B N | 978-89-5674-828-3

소중한 친구이자 동료인 릭 새먼에게
이 책을 바칩니다. 릭과 같은 훌륭한 사진가를
친구라고 부를 수 있는 것을
영광스럽게 생각합니다.

# 감사의 글

내기 집필하는 모든 저시의 머리말은 항상 아내 칼레브라에게 전하는 감사 인사로 시작하는데, 내 아내가 얼마나 놀라운 사람인지 안다면 여러분도 그 이유를 이해할 것이다.

다소 바보같이 들릴 수도 있지만 우리가 함께 장을 보러 갔을 때, 아내가 다른 구역에서 가져오라고 시킨 우유를 들고 돌아 오는 나를 향해 세상에서 가장 따뜻하고 아름다운 미소를 짓는다. 그것은 내가 우유를 찾았다는 기쁨 때문이 아니라 단 60초만 떨어져 있었더라도 그녀는 똑같은 미소를 짓는다. 그것은 "저 사람이 내가 사랑하는 남자에요."라는 미소이다.

30년의 결혼 생활에서 그 미소를 매일 수십 번씩 보며 세계 최고 행운의 사내라고 느낀다. 아내는 아직까지도 내 가슴을 두근거리게 만드는 능력이 있다. 이런 인생을 선물해 준 아내에게 무한한 행복과 감사함을 느낀다.

사랑하는 당신의 친절한 포옹, 이해심과 조언, 인내심, 관대함에 늘 감사하고, 항상 배려하며, 인정 많은 아내이자 엄마가 되어 주어서 고마워. 사랑해.

두 번째로 아들 조던에게 고맙다는 말을 전하고 싶다. 아내가 조던을 임신하고 있을 때 첫 번째 저서를 집필하고 있었으며, 그는 나의 저서들과 함께 성장했기 때문에 자신의 첫 번째 책(243페이지의 판타지 소설)을 완성했을 때 아들이 얼마나 자랑스러웠는지 모른다. 엄마의 성품을 닮은 훌륭한 청년으로 성장하는 과정을 지켜보는 것은 큰 기쁨이었으며, 대학생이 된 아들을 보며 아버지로서 매우 자랑스럽고 기뻤다. 조던은 지금까지 성장하면서 많은 사람들의 마음을 감동시키고 영감을 주었다. 앞으로 그의 길에 얼마나 놀라운 모험과 사랑, 그리고 웃음이 기다리고 있을지 기대된다. 아들아, 세상에는 너 같은 사람들이 더 필요해.

우리 훌륭한 딸 키라, 마치 우리의 기도에 응답한 듯 오빠에게는 좋은 동생이자 강한 소녀로 성장해 기적은 매일 일어날 수 있다는 것을 다시 한번 증명해 주었단다. 엄마를 빼닮았다는 말은 내가 해 줄 수 있는 최고의 칭찬이란다. 행복하고, 유머가 넘치고, 똑똑한 너의 모습을 매일 집에서 볼 수 있다는 사실이 우리는 너무 행복하고 자랑스럽단다.

형 제프에게 특별한 감사를 전하고 싶다. 성장하면서 형과 같은 롤 모델이 있다는 사실에 감사하다. 제프는 최고의 형이며, 전에도 수없이 말했지만 한 번 더 말하고 싶다. 사랑해. 형!

오랜 세월 동안 아낌없는 응원과 우정을 베푼 친구이자 사업 파트너인 진 A 켄드라에게 감사하다. 당신은 나와 칼레브라, 그리고 우리 회사에 소중한 존재야.

에디터 킴 도티에게 감사하다. 킴의 놀라운 사고방식, 열정, 침착함, 그리고 세부 사항에 집중하는 능력이 내가 계속 책을 쓸 수 있게 도와 주었다. 책을 집필할 때는 이 세상에 홀로 남겨진 듯한 느낌이 들 때가 많은데, 킴은 그런 내 옆을 지켜 주었다. 집필 중 간혹 벽에 부딪히면 용기를 북돋는 응원이나 도움이 되는 아이디어로 극복할 수 있게 도와 준 킴에 대한 감사는 말로 다 표현할 수 없다.

그리고 나의 저서를 디자인한 뛰어난 재능을 가진 제시카 말도나도가 팀원이라는 점 또한 큰 행운이다. 제시카의 세부 디자인은 독창적이다. 제시카는 재능이 뛰어날 뿐 아니라 함께 일하기 즐거운 동료이다. 그녀는 모든 레이아웃 디자인에서 다섯 단계 앞서서 생각할 줄 아는 똑똑한 디자이너이다.

또한 책에 실린 모든 테크닉을 읽고 아무리 작은 단계라도 빼 먹지 않도록 확인해 주는 카피 에디터 신디 스나이더에게도 감사하다. 그녀는 다른 사람들은 쉽게 놓칠 수 있는 세밀한 실수도 찾아내는 능력을 지니고 있다.

소중한 친구이자 멋진 사진가, 테슬라 연구 교수이자 비공식적인 디즈니 크루즈 가이드이며, 풍경 사진 탐미자이자 아마존 프라임 애호자인 에릭 쿠나 씨에게 감사하다. 당신은 매일 출근하는 것을 즐겁게 만드는 사람이야. 항상 흥미로운 것을 발견하고, 새로운 사고를 하며, 항상 정당한 이유로 옳은 일을 하도록 우리를 독려하는 당신의 우정과 소중한 조언들에 감사해.

켈비원 팀 전체에게도 깊이 감사하다. 모든 사람들이 자신의 팀이 특별하다고 생각하겠지만, 여러분은 정말 특별한 팀이다. 팀 구성원 모두와 함께 일하게 된 것이 자랑스럽고, 아직도 팀원들의 능력에 놀랄 때가 많다. 그리고 그들이 모든 일에 쏟는 열정과 자부심에 계속 감명받고 있다.

끊임없이 내가 비껴 가지 않도록 도와 주는 책임 부관리자 잔 질레바에게 감사하다. 건물 안에서도 길을 잃는 나에게 주는 모든 당신의 도움과 능력, 그리고 끝없는 인내심에 매일 감사해.

내 저서들이 무사히 탄생할 수 있도록 만들어 준 피치핏 프레스/뉴 라이더스의 모든 직원과 편집장 로라 노먼의 노고에 감사하다. 지금은 함께 하지 않지만 잊지 않을 낸시 앨드리치 루엔젤, 사라 제인 토드, 테드 웨이트, 낸시 데이비스, 리사 브라질, 스콧 코울린, 그리고 게리 폴 프린스에게도 감사의 인사를 전하고 싶다.

멋진 일들이 벌어지고, 새 기회를 만들어 준 클리버 스티픈슨에게도 감사하다. 특히 우리가 함께 한 출장 여행들이 즐거웠다. 함께 웃고, 맛있는 음식을 먹으면서 덕분에 이전의 출장보다 훨씬 더 즐거울 수 있었다.

어도비 시스템의 다음 친구들에게도 감사하다. 테리 화이트, 마라 샤르마, 브라이언 램킨, 샤라드 맨갈릭, 톰 호가티, 캐시 시베타, 줄리엔트 코스트 그리고 러셀 프레스톤 브라운. 지금은 없지만 잊지 않을 바바라 라이스, 케리 거쉬킨, 라이 리빙스톤, 존 로이아코노, 케빈 코너, 에디 로프, 카렌 고티에에게도 감사하다.

오랜 세월 동안 항상 나를 믿어 주고 지지하고 우정을 나누어 준 배니 스비_L반에게 감사하다. 게이브, 스티브, 조셉을 포함한 훌륭한 모든 B&H 직원들에게도 감사의 말을 전하고 싶다. B&H는 세계에서 가장 훌륭한 카메라 상점일 뿐 아니라 그 이상이다.

긴 세월 동안 가르침을 주는 재능이 뛰어난 다음 사진가들께 감사하다. 무스 피터슨, 조 맥날리, 앤 카힐, 데이빗 자이저, 피터 헐리, 린지 에들러, 팀 왈라스, 짐 디비탈, 데이브 블랙, 프랭크 도어호프 그리고 헬렌 글라스만.

지혜와 질책으로 가늠할 수 없는 많은 도움을 주는 나의 멘토들, 존 그레이든, 잭 리, 데이브 게일즈, 주디 파머, 더글라스 풀에게도 감사하다.

무엇보다도 하나님과 그의 아들 예수 그리스도에게 감사하다. 나를 아내에게 인도해 주고 훌륭한 두 아이를 깃게 해 주었으며, 사랑하는 일을 직업으로 삼을 수 있도록 해 주었고, 필요할 때면 항상 힘을 불어 넣어 주어 가족들과 행복한 삶을 누리게 해 주었다.

---

### 예제 및 완성 파일

이 책에 사용된 예제 파일 및 완성 파일은 정보문화사 홈페이지(http://www.infopub.co.kr)의 [자료실]-[통합 자료실]에서 '스콧 켈비의 라이트룸 사용자를 위한 포토샵 CC 2019'를 검색하여 다운로드할 수 있다.

**스콧 켈비**

스콧 켈비는 〈Lightroom Magazine〉의 편집장이며 발행인이자, LightroomKillerTips.com의 제작자이고, 잡지 〈Photoshop User〉의 편집장이며 공동 발행인이다. 또한 사진가를 위한 주간 인터넷 방송 〈The Grid〉의 진행자이며, 매년 열리는 행사 Scott Kelby's Worldwide Photo Walk의 설립자이다.

또 라이트룸, 포토샵과 사진 교육 사업을 전문으로 하는 KelbyOne의 대표 이사이다.

사진가이자 디자이너인 스콧은 '사진가를 위한 포토샵', '사진가를 위한 인물사진 리터칭', '어도비 포토샵 라이트룸'을 포함 90권 이상의 책을 집필했으며, '디지털 사진가를 위한' 시리즈 중 첫 번째인 'The Digital Photography Book, Part 1'은 디지털 사진 도서 중 역대 최고의 판매량을 기록했다.

스콧은 7년 연속 사진 관련 서적 분야의 베스트셀러 자리를 놓치지 않고 있다. 그의 저서들은 중국어, 러시아어, 스페인어, 한국어, 폴란드어, 대만어, 프랑스어, 독일어, 이탈리아어, 일본어, 히브리어, 네덜란드어, 스웨덴어, 터키어, 포르투갈어를 포함 전 세계의 언어로 번역 출간되었다. 그리고 그는 사진 분야에 기여한 공헌을 인정받아 미국 사진가 협회에서 매년 수여하는 ASP 인터내셔널 상을 수상했다. 또한 전 세계 사진 교육에 기여한 공적을 인정받아 HIPA 상을 수상했다.

스콧은 매년 열리는 세계 포토샵 회담의 기술 의장을 맡고 있으며, 전 세계를 여행하며 다양한 회담과 트레이드 쇼에서 강연을 하고 있다. 그는 1993년부터 KelbyOne.com의 다양한 온라인 강의에 출연하며 포토샵 사용자들과 사진가들을 위한 강의를 하고 있다.

그의 블로그와 SNS에서 더 많은 정보를 얻을 수 있다.

라이트룸 블로그: lightroomkillertips.com
개인 블로그: scottkelby.com
트위터: @scottkelby
페이스북: www.facebook.com/skelby
인스타그램: @scottkelby

# 차례

**CHAPTER 01**

ESSENTIAL TECHNIQUES
## 기본 기능 알아보기

**CHAPTER 02**

JUMP
## 라이트룸에서 포토샵으로 전환하기

## CHAPTER 05

### COMPOSITE
### 사진 여러 장 합성하기

## CHAPTER 06

### SIDE EFFECTS
### 특수 효과 사용하기

## CHAPTER 07

### SHARPEN
### 샤프닝 기법 사용하기

## CHAPTER 08

### DON'T MOVE
### 방해 요소 제거하기

## CHAPTER 09

### PROBLEMSKI
### 일반적인 문제 보정하기

# 읽기 전에
# 알아야 할
# 6가지 주의사항

필자는 여러분이 이 책을 최대한 활용했으면 한다. 그러므로 2분만 투자해서 다음 6가지 주의사항을 읽으면 포토샵과 이 책을 사용하는 데 큰 도움이 될 것이다. 또한 중요한 정보도 포함되어 있으므로 그냥 지나친다면 나중에 의문이 생겨 어려움을 겪을 것이다. 이 항목에 사진은 빈 공간을 만들 수 없어서 보기 좋으라고 삽입한 것이다. 우리는 무엇이든 보기 좋게 만들어야 하는 사진가가 아닌가.

이 책에 사용한 사진 대부분은 정보문화사 홈페이지(http://www.infopub.co.kr)의 [자료실]-[통합자료실]에서 '스콧 켈비의 라이트룸 사용자를 위한 포토샵 CC 2019'를 검색하여 파일을 다운로드하거나, 'http://kelbyone.com/books/PSforLR2'에서 다운로드해 실습할 수 있으며, Chapter 01에서 언급하는 영상도 'http://kelbyone.com/books/PSforLR2'에서 볼 수 있다.
만약 이 부분을 읽지 않고 Chapter 01부터 시작했다면 사진을 어디에서 다운로드하는지 모르겠다는 불만을 가졌을 것이다.

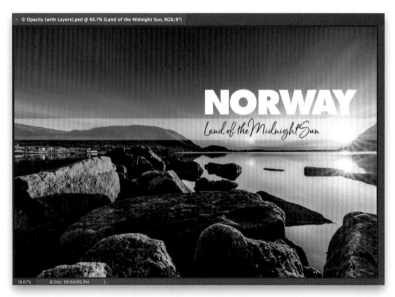

**02**

필자의 다른 책들을 읽어 보았다면 보통 '순서대로 읽지 않아도 괜찮다'는 점을 기억할 것이다. 그러나 포토샵 초보자의 경우, Chapter 01~02를 먼저 보기를 권한다. 하지만 결정은 여러분의 몫이다. 또한 각 프로젝트 윗부분에 있는 도입부는 중요한 정보를 포함하고 있으므로 반드시 읽기 바란다.

**03**

**포토샵 정식 명칭은 '어도비 포토샵 CC'이다.**
그러나 필자가 매번 '어도비 포토샵 CC'라고 쓴다면 곧 필자의 목을 조르고 싶은 기분이 들 것이다. 그러므로 여기부터는 간편하게 '포토샵'으로 표기할 것이며, '어도비 포토샵 라이트룸 클래식' 대신 '라이트룸'이라고 표기할 것이다.

**04**

각 챕터의 시작 페이지는 잠시 쉬어가는 페이지로 썼기 때문에 본문 내용과 연관성이 없다.
챕터 시작 페이지에 기발한 내용을 쓰는 것은 개인적인 성향이며, 필자는 모든 책의 챕터 시작 페이지를 동일한 방식으로 쓴다. 그러므로 '진지한' 성격이라면 챕터 시작 페이지는 건너뛰어도 괜찮다.

**05**

이 책이 포토샵을 더 배우고 싶은 마음이 들게 만들어도 걱정할 필요가 없다.
사진가가 알아야 할 모든 포토샵 기능들을 300쪽이 넘는 책으로 엮은 〈스콧 켈비의 DSLR 사용자를 위한 포토샵 CC 2017(정보문화사)〉를 보면 된다. 하지만 우선은 이 책에 집중하자.

**06**

짧은 보너스 영상(영어 동영상)을 만들었다. 포토샵을 사용한 영상 편집을 보여주는 영상으로, 이 책의 주제와 직접적인 연관이 없기 때문에 책에 넣지 않았다. 포토샵에서 영상 편집을 완료하면 라이트룸으로 불러와 재생할 수는 있지만 기본적으로 모두 포토샵 기능이다.
해당 영상은 'http://kelbyone.com/books/PSforLR2'에서 볼 수 있다.

## Chapter 01

# 기본 기능 알아보기

## ESSENTIAL TECHNIQUES

필자는 많은 저서의 챕터 제목에 노래 제목, TV 프로그램 제목, 혹은 영화 제목을 사용한다. 이번 챕터 제목의 경우 실제로 '테크닉'이라는 노래 제목을 찾았다. Def Shepard라는 밴드의 랩 곡인데, 80년대 유명 록 밴드 Def Leppard에서 영감을 받아 밴드 이름을 지은 것 같다.

어쨌든 이미 있는 밴드 이름에서 철자만 두어 개 바꿔서 밴드 이름을 짓는 것은 꽤 훌륭한 아이디어다. 완전히 새로운 밴드 이름을 만드는 것보다 쉬울 뿐 아니라 사람들이 이름을 듣고 '어디서 들어본 것 같은 이름인데.'라고 생각하면, 바로 인지도가 올라가고, 그것은 곧 앨범 판매와 직결된다.

필자는 오랫동안 래퍼를 꿈꿔 왔다. 항상 맥주 광고에 나오는 래퍼들이 무척 즐거워 보였기 때문이다. 심지어 '평범한 백인 래퍼'라는 래퍼 이름도 골라 놓았다. 하지만 지금은 Def Shepard가 했던 것처럼 다른 밴드 이름을 본 따야겠다는 생각이 든다. 필자의 밴드 이름을 배드 제플린이나 AC/BC(유명 록 밴드 '레드 제플린'과 'AC/DC'와 연관된 이름)로 짓는 것은 어떨까? 롤링 존스('롤링 스톤즈'의 '브라이언 존스'와 연관된 이름)도 나쁘지 않은 것 같다. 또는 엘튼 조니로 지으면 'Goodbye Mellow Brick Toad'라는 제목의 곡('엘튼 존'의 'Goodbye Yellow Brick Road'와 연관된 이름)을 만들 수 있다. 여러분 중에 십대가 있다면, 여기에 적은 밴드 이름을 들어 본 적이 없을 것이다. 그러므로 필자의 동부 힙합 스타일을 십대에게 호소하려면 미스터 가가 혹은 저스틴 팀버폰드와 같은 이름을 대신 사용해야 한다. 또는 래퍼가 된다면, 51센트나 닥터 드레야지, M&Ms 혹은 필자가 가장 마음에 드는 스눕 스코티 스콧과 같은 이름을 사용하는 편이 좋을 것이다.

지금 '대체 이것이 포토샵과 무슨 관계가 있는 거야?'라는 생각을 하고 있다면, 그것은 앞의 '읽기 전에 알아야 할 6가지 주의사항'의 4번 항목을 읽지 않고 건너뛰었음이 틀림없다.

# 포토샵에서 사용할 5가지 주요 기능 알아보기

라이트룸에서 포토샵으로 전환하는 이유는 십중팔구 라이트룸에 없거나, 있다고 해도 효과가 미미하거나, 라이트룸에서는 사용이 불편한 다섯 가지 기능들을 사용하기 위해서일 것이다. 라이트룸보다 포토샵이 편한 다섯 가지 기능이 무엇인지 알아보자.

## 레이어 기능

포토샵의 힘은 사진 위에 다른 이미지나 효과를 겹칠 수 있는 레이어 기능을 통해 발휘되는 경우가 많다. 별도의 레이어에서 원하는 요소를 재배치, 이동 혹은 융합할 수 있기 때문이다. 레이어를 사용해서 텍스트를 추가하거나 브러시로 효과를 넣거나, 사진들을 쌓아 콜라주나 합성 사진도 만들 수 있다.

레이어를 전혀 사용해 보지 않은 사용자도 쉽게 익힐 수 있으며, 이 강력한 기능은 다른 어떤 기능들보다도 포토샵을 사용하게 만드는 요인이다.

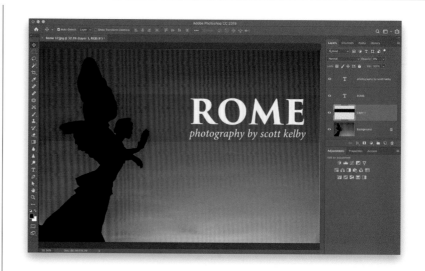

## 방해 요소 제거 기능

포토샵을 사용하는 다른 목적은 사진에서 원하지 않는 방해 요소를 제거하기 위해서일 것이다. 배경에 있는 표지판일 수도 있고, 해변에서 촬영한 멋진 일몰 사진에서 시선을 빼앗는 음료수 캔이나 사진을 가로지르는 나뭇가지일 수도 있다.

라이트룸에도 Spot Removal 기능이 있지만 그 이름대로 먼지나 점 같이 작은 요소를 제거하는 기능이다. 그러나 포토샵에는 무엇이든지 마치 원래 없었던 것처럼 제거할 수 있는 도구와 기능이 있으며, 효과도 탁월하다.

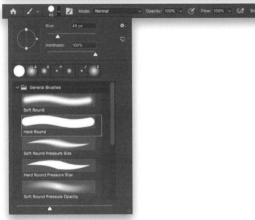

### 필터 기능

포토샵에는 특수 효과부터 보정, 그리고 피사체를 멋지게 만들거나 흉하게 만들거나, 조합해서 놀랍고 흥미로운 효과를 만들 수 있는 121가지 필터가 있다(필자가 마지막으로 세어 보았을 때 121가지였다).

자동차 바퀴가 회전하는 것처럼 보이게 만드는 필터도 있고, 연기나 불을 만드는 필터도 있다. 사진 액자를 만드는 필터도 있고, 사진을 유화처럼 만드는 필터도 있으며, 대부분 효과가 강도 조절이 가능하다.

### 브러시 기능

라이트룸의 Adjustment Brush는 외곽이 선명하거나 부드러운 브러시를 사용해서 효과를 적용한다. 포토샵은 브러시 천국이라고 할 수 있다. 포토샵에는 수백 개의 브러시가 있고 다양한 형태로 설정할 수 있다. 여러분도 브러시를 많이 사용하게 될 것이며, 그림 솜씨가 없어도 걱정할 필요 없다.

브러시는 사진가에게 강력한 도구이다.

### 도구 기능

라이트룸에는 여섯 종류의 도구가 있다(그중 세 종류는 형태만 다를 뿐 기능은 동일하다).

포토샵은 거의 70종류의 도구를 가지고 있다. 사진가에게 전혀 필요 없는 도구들도 있지만 이 책에서 사용할 도구들은 유용하고 편할 뿐 아니라 사용법도 쉽다. 포토샵의 다양한 도구들과 기능, 브러시가 가진 강력한 힘은 라이트룸 사용자들에게 새로운 세계를 열어 줄 것이다. 라이트룸을 사용하다가 라이트룸에 없는 기능이 필요하면 포토샵의 힘을 빌려 보자. 지금부터 필자가 그 방법을 알려 줄 것이다.

# 레이어
# 사용하기

테이블 위에 8×10인치 사진을 올리고 그 위에 4×6인치 사진을 올리면, 4×6인치 사진을 원본 사진 위에서 이리저리 이동할 수 있으며, 4×6인치 사진에 구멍을 뚫어 구멍을 통해 8×10인치 사진의 일부를 볼 수 있다. 마음이 바뀌어 작은 사진을 치우면 큰 사진만 남는다. 바로 이것이 포토샵 레이어의 기본 원리이다. 큰 사진이 'Background' 레이어가 되고, 그 위에 다른 사진을 얹어 원본은 그대로 유지한 채 위치를 이동하거나, 일부분을 투명하게 하거나 혹은 완전히 지울 수 있다. 게다가 사진뿐만 아니라 텍스트나 도형, 효과도 추가할 수 있다.

## STEP 01

간단한 프로젝트를 통해 레이어의 기능을 더 이해해 보자. 사진을 클릭해 라이트룸으로 불러온 다음 Ctrl + E (Mac: ⌘ + E)를 누르면 사진이 포토샵에서 불러진다(이것은 RAW 형식 사진의 경우이며, JPEG이나 TIFF 파일의 경우에는 [Edit Photo with Adobe Photoshop] 대화상자에서 'Edit a Copy with Lightroom Adjustment'를 선택한다).

사진을 포토샵으로 불러온 다음 Layers 패널과 필요한 도구들의 접근성을 높이기 위해 작업 환경을 'Photography'로 지정한다. 옵션바 오른쪽에 세 개의 점이 있는 작은 삼각형 아이콘을 클릭하고 [Photography]를 실행한다.

**Note** - - - - - - - - - - - - - - - - - - - - - -

필자의 작업 방식에 맞춰 작업 영역에 추가 설정을 적용했다. 설정 방법은 영상(영어 동영상)으로 만들어, 앞에서 알려준 이 책의 웹 페이지에 올렸으므로 참고하기 바란다.

- - - - - - - - - - - - - - - - - - - - - - - - - -

## STEP 02

오른쪽 Layers 패널을 보면 사진이 'Background' 레이어로 만들어져 있다. 지금부터 적용하는 모든 효과는 'Background' 레이어 윗부분에 추가될 것이다. 왼쪽에 있는 Tools 패널에서 문자 도구(T, T)를 선택하고 사진의 아무 곳이나 클릭한 다음 글자를 입력한다.

글자를 드래그하여 블록으로 지정한 다음 옵션바에서 글꼴, 스타일, 크기 등을 변경할 수 있다. 예제의 경우 글꼴을 'Trajan Pro'로 지정했고, 색을 '흰색'으로 지정하였다.

## STEP 03

Layers 패널을 살펴보면 'Background' 레이어 위에 문자 레이어가 만들어진 것을 볼 수 있다. 문자 레이어는 알아보기 쉽게 'T' 자가 표시되어 있다. 만든 문자 레이어는 'Background' 레이어와 연결되지 않았기 때문에 이동 도구로 이동할 수 있다.

이동 도구(✛)를 선택하고 텍스트를 원하는 위치로 드래그하여 배치한다. 예제에서는 오른쪽 윗부분에 배치하였다.

## STEP 04

문자 레이어를 하나 더 추가해 보자. 다시 문자 도구(T)를 선택한다. 예제에서는 'photography by scott kelby'를 입력했고 글꼴을 'Minion Pro Italic'으로 지정하였다(마음에 드는 글꼴로 지정하면 된다).

이동 도구(✛)를 선택하고 입력한 내용을 기존 문자 아랫부분으로 드래그하여 배치한다.

이제 레이어를 삭제해 보자. Layers 패널에서 삭제할 레이어를 선택하고 [Enter] 위에 왼쪽 화살표처럼 생긴 [Back Space](Mac: [Delete])를 누른다(레이어를 패널 아랫부분 휴지통 아이콘(🗑)으로 드래그해도 된다).

Layers 패널에 레이어가 많아서 모두 보이지 않는다면 패널 외곽 부분을 드래그하여 크기를 조절할 수 있다. 레이어가 많아지면 패널 오른쪽에 스크롤바가 나타나므로 스크롤해서 레이어를 볼 수 있다. 다음 페이지에서 이 예제를 이어가며 레이어에 있는 요소 크기를 조절하는 방법을 알아볼 것이다.

# 레이어 크기 조절하기

사진이든 텍스트든 효과든, 레이어에 무엇인가 추가하면 크기 재조절이 필요한 경우가 많다. 다행히 포토샵에서는 크기 재조절이 쉬울 뿐 아니라 회전하거나 원근감을 더하거나 왜곡하는 등 다양한 변형이 가능하다.

**STEP 01**

레이어 요소 크기는 자유 변형(Free Transform)을 사용해서 조절한다('Background' 레이어 요소는 크기 조절이 불가능하다).

자유 변형을 이용하기 위해 변형할 레이어를 선택한다. 예제에서는 'NORTHERN ITALY' 레이어를 선택했다.

Ctrl + T (Mac: ⌘ + T )를 누르면 조절점이 있는 상자가 표시된다. 모서리 조절점을 안쪽으로 드래그하면 레이어가 축소되고, 바깥쪽으로 드래그하면 확대된다. 원하는 크기로 조절한 다음 상자 외부를 클릭하거나 Enter (Mac: Return )를 눌러 설정을 적용한다(옵션바에서 'Commit transform' 아이콘(✔)을 눌러도 된다).

크기 설정을 적용하기 전에 마음이 바뀐다면 Esc 를 눌러 설정을 취소한다.

**STEP 02**

Ctrl + T 를 누르고 변형 상자 안쪽을 마우스 오른쪽 버튼으로 클릭하면 관련 메뉴가 표시된다. 예제의 경우 문자 레이어이기 때문에 일부 기능이 비활성화되어 있다(문자 레이어는 자유 변형을 한 다음에도 문자를 바꾸거나 글꼴을 변경할 수 있도록 하기 위해 일부 기능이 비활성화된다).

메뉴에서 [Scale]을 실행하고 모서리 조절점을 바깥쪽으로 드래그해서 크게 확대한 다음 다시 마우스 오른쪽 버튼으로 클릭하고 [Skew]를 실행한다. 이제 윗부분 경계선 가운데 조절점을 약간 오른쪽으로 드래그해서 이탤릭체로 만든다(선택한 폰트가 이탤릭체 옵션을 지원하지 않는 경우 유용하다).

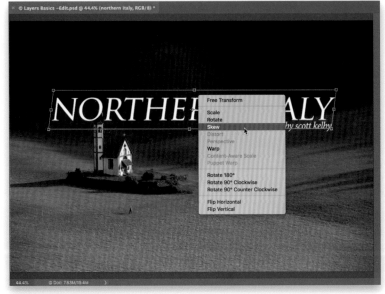

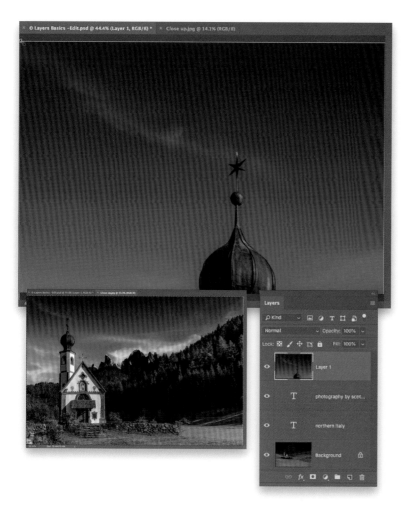

이번에는 다른 사진을 추가해 보자. 라이트룸으로 돌아가 다른 사진을 선택한 다음 Ctrl + E (Mac: ⌘ + E)를 눌러 포토샵으로 불러온다. 포토샵으로 불러온 두 번째 사진을 복사해서 현재 진행하고 있는 프로젝트에 붙여 보자.

Ctrl + A 를 눌러 사진 전체를 선택하고 Ctrl + C 를 눌러 사진을 복사한다. 원본 사진을 클릭한 다음(포토샵의 기본 설정을 변경하지 않았다면 원하는 사진의 탭을 클릭하면 된다), Ctrl + V 를 눌러 사진을 붙인다.

사진을 붙이면 자동으로 별도의 레이어가 만들어진다. 예제와 같이 사진이 원본 사진 전체를 덮을 정도로 클 수도 있다. 그것은 붙인 사진 크기가 'Background' 레이어에 있는 사진보다 크기 때문이다. 이 문제의 해결 방법은 간단하다. Ctrl + T 를 눌러 자유 변형으로 크기를 조절하면 된다.

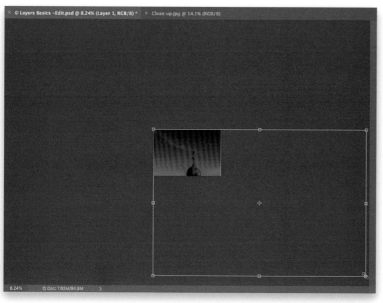

앞 단계를 보면 새로 불러온 사진에서 Ctrl + T 를 눌렀을 때 모서리 조절점이 하나밖에 보이지 않는다. 이때 Ctrl + 0 (Mac: ⌘ + 0)을 누르면 네 개의 조절점이 보이도록 창 크기가 조절된다.

**STEP 05**

모서리 조절점 중 하나를 안쪽으로 드래그해서 크기를 축소한 다음 텍스트 오른쪽 아랫부분으로 드래그하여 배치한다. 크기를 재설정한 사진은 별도의 메뉴 선택 없이 드래그하여 위치를 설정할 수 있다.

변형 상자 외부를 클릭해서 작업을 마친다. 이제 Layers 패널의 레이어 스택을 살펴보자 ('Background' 레이어 위에 쌓인 레이어를 레이어 스택이라고 부른다). 가장 아랫부분 'Background' 레이어에는 처음에 라이트룸에서 불러온 사진이 있다. 그 위에 'NORTHERN ITALY' 문자 레이어(문자 레이어는 입력한 문자 앞부분 단어를 레이어 이름으로 자동 설정한다)와 'photography by scott kelby' 레이어가 있고, 가장 윗부분에 새로 만든 작은 사진 레이어가 있다.

작은 사진 레이어가 문자 레이어 위에 있기 때문에 이동 도구(⊕)로 작은 사진을 위쪽으로 드래그하면 'photography by scott kelby'를 가릴 것이며, 그보다 더 위쪽으로 드래그하면 'NORTHERN ITALY'의 일부를 가릴 것이다.

'photography by scott kelby' 레이어를 클릭하고 작은 사진 레이어 위로 드래그해서 위치를 바꾸면 텍스트가 사진 위로 나타난다. 이처럼 레이어를 드래그해서 위치를 변경할 수 있다.

**STEP 06**

문자 레이어를 다시 원래 위치로 드래그하고, 작은 사진 레이어도 원래 위치로 복구한다(한 번 클릭해서 레이어를 활성화하는 것도 잊지 말자).

이번에는 작은 사진 레이어에 그림자를 추가해 보자. 레이어 스타일을 이용하면 레이어에 효과를 적용할 수 있다.

Layers 패널에서 'Add a layer style' 아이콘(ƒx)을 클릭하고 [Drop Shadow]를 실행한다.

❶ Opacity: 그림자 효과의 어두운 정도를 설정한다('100%'는 투명도가 전혀 없고 너무 선명해서 비현실적으로 보이기 때문에 추천하지 않는다).

❷ Angle/Distance: 각도와 거리를 설정할 수 있지만, 그림자 효과를 적용한 다음 드래그해서 조절할 수도 있다. Angle과 Distance를 조절하는 것보다 훨씬 편리한 방법이다.

❸ Size: 그림자 효과 강도를 조절한다. 왼쪽으로 드래그할수록 선명해지고, 오른쪽으로 드래그할수록 부드러워진다.

예제에서는 Opacity를 '69%', Size를 '62px'로 설정했다.

사진이 배경에 묻히지 않도록 선을 추가해 보자. [Stroke] 범주를 선택하고 Size를 '3px', Color를 '흰색', Position을 'Inside'로 지정한 다음 [OK] 버튼을 클릭한다.

레이어를 숨기는 방법을 알아보자. 예를 들어, 특정 레이어를 제외한 사진을 보고 싶거나, 특정 레이어에 있는 사진이나 효과가 마음에 들지 않지만 삭제는 원하지 않는 경우 작업하는 동안 원하는 레이어를 숨길 수 있다.

Layers 패널에서 레이어 섬네일 왼쪽에 있는 눈 아이콘()을 비활성화하면 해당 레이어를 숨길 수 있다. 작은 사진 레이어 섬네일 왼쪽 눈 아이콘을 클릭해서 레이어를 숨기고, 'photography by scott kelby' 레이어도 숨겨 보자. 작은 사진 레이어에 추가한 효과인 Drop Shadow와 Stroke에도 눈 아이콘이 있다. 눈 아이콘이 있던 위치를 클릭해서 작은 사진 레이어를 다시 활성화한 다음 효과 레이어의 눈 아이콘을 클릭해서 사진에 적용한 효과를 숨길 수 있다. 이제 다른 프로젝트를 통해 다음 레벨로 올라가 보자.

# 빈 레이어와 Opacity 사용하기

앞 프로젝트와 같이 사진이나 문자를 추가하는 것 외에도 색상을 채운 사각형을 사용해서 배경을 만들거나, 브러시로 칠하거나, 아이콘이나 그래픽을 추가하는 등 레이어를 다양한 방법으로 활용할 수 있다. 이번에는 빈 레이어를 새로 만들어 색상을 추가하고, 레이어 불투명도를 변경하는 방법을 알아보자.

**STEP 01**

라이트룸에서 사진을 선택하고 Ctrl + E (Mac: ⌘ + E)를 눌러 포토샵으로 불러온다. 가장 먼저 사진 윗부분에 텍스트를 넣어 보자.

문자 도구(T)를 선택하고 D와 X를 눌러 전경색을 '흰색'으로 지정한다.

사진을 클릭하고 문자를 입력하면 옵션바에서 설정한 글꼴과 크기로 문자가 입력된다(예제의 경우 글꼴을 'Futura Extra Bold', 크기를 '115pt'로 지정했다. 이동 도구(✛)를 선택하고 그림과 같이 배치한다.

**STEP 02**

제목 아랫부분에 다른 텍스트를 추가해 보자.

문자 도구(T)를 선택하고 아무 곳이나 클릭한 다음 'Land of the Midnight Sun'을 입력한다. 예제는 글꼴을 'Serendipity', 크기를 '52pt'로 지정했다.

이동 도구(✛)를 선택하고 제목 아래쪽에 배치한다.

사진에서 시각적으로 'NORWAY' 레이어가 'Land of the Midnight Sun' 레이어보다 위에 있으므로 Layers 패널에서 새로 만든 문자 레이어를 'NORWAY' 레이어 아래로 드래그한다.

두 번째 레이어를 추가하고 보니 'Land of the Midnight Sun' 뒤의 배경이 너무 밝아서 글자가 잘 보이지 않는다. 다음 단계에서는 글자가 더 잘 보이도록 만들 것이다.

# STEP 03

글자가 잘 보이도록 글자 뒤에 검은색 레이어를 추가해 보겠다. 'Create a new layer' 아이콘(🔲)을 클릭해 새 레이어를 만든다.

사각형 선택 도구(▦)를 선택하고 한쪽 면을 클릭한 다음 반대편 끝까지 드래그해서 폭이 넓은 직사각형을 만든다. D를 눌러 전경색을 '검은색'으로 지정한 다음 Alt + Delete (Mac: Option + Delete)를 눌러 선택 영역에 검은색을 채운다.

검은색 직사각형 레이어가 'Land of the Midnight Sun' 레이어를 가리고 있으므로 새 레이어를 문자 레이어 아랫부분으로 드래그해서 텍스트를 표시한다.

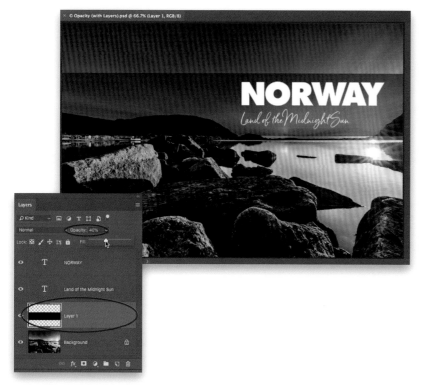

# STEP 04

Layers 패널을 살펴보자. 레이어 스택 아랫부분 'Background' 레이어에 사진이 있고, 그 위에 검은색 바 레이어가 있으며, 윗부분에 문자 레이어 두 개가 있다.

Step 03의 사진을 보면 검은색 바가 뒤에 있는 사진 일부를 가리고 있다. 아랫부분 이미지가 비쳐 보이도록 레이어의 불투명도를 조절할 수 있다('Background' 레이어 제외). 검은색 바 레이어를 선택하고 Opacity를 '40%'로 설정하면 가려졌던 배경 사진이 보인다.

**STEP 05**

불투명도를 낮추니 훨씬 나아 보이지만 바 크기가 너무 큰 것 같다. 'NORWAY'는 선명하게 보이므로 검은색 바는 'Land of the Midnight Sun' 뒤에만 필요하다. 앞에서 배운 자유 변형 (Free Transform)을 사용할 기회이다.

Layers 패널에서 검은색 바 레이어가 여전히 선택되어 있는지 확인한 다음(그렇지 않다면 레이어를 클릭해서 활성화한다) Ctrl+T(Mac: ⌘+T)를 누르고 조절점을 'Land of the Midnight Sun'에 맞춰 드래그한다.

원하는 크기로 조절한 다음 변형 상자 외 임의의 지점을 클릭하거나, Enter(Mac: Return)를 누르거나, 옵션바의 체크 아이콘(✓)을 클릭한다.

**STEP 06**

필자는 상자의 어두운 색이 마음에 들지 않았다. 상자를 흰색으로, 글자를 어두운 색으로 바꿔 보겠다. X를 눌러 전경색을 '흰색'으로 지정하고 Alt+Shift+Back Space(Mac: Option+Shift+Delete)를 눌러 사각형에 흰색을 채운다 (이 단축키는 활성화된 레이어를 전경색으로 채운다).

**STEP 07**

[D]를 눌러 전경색을 '검은색'으로 전환한다. 같은 방법으로 문자 색도 변경해 보겠다. 우선 포토샵에게 작업할 레이어를 알려 주어야 한다. 'Land of the Midnight Sun' 레이어를 선택하고 [Alt]+[Shift]+[Back Space]를 눌러 문자를 검은색으로 바꾼다.

**Tip**

**플레이스 홀더 텍스트 숨기기**

포토샵 CC 2019 이후 버전이라면 문자 도구를 이용할 때 표준 텍스트(Lorem Ipsum)가 추가된다. 이것을 원하지 않는다면 **[Edit(Mac: Photoshop)]**—**[Preferences]**를 실행하고 [Type] 범주의 Type Options 영역에서 'Fill New Type Layers with Placeholder Text'의 체크 표시를 해제한다.

**STEP 08**

빈 레이어의 불투명도만 조절할 수 있는 것이 아니다. 'Background' 레이어를 제외한 모든 레이어의 불투명도를 조절할 수 있다. 'Land of the Midnight Sun' 레이어의 Opacity를 '60%'로 설정하여 텍스트가 과도하게 부각되지 않도록 만들고 'Norway' 레이어의 Opacity를 '50%'로 설정한다.

앞으로 포토샵에서 Opacity를 자주 사용하게 될 것이다. 미리 알아두면 유용한 기능이다.

# 포토샵 도구 사용하기

포토샵에서 도구는 화면 왼쪽에 있는 Tools 패널에서 선택한다. 라이트룸에 비해 훨씬 많은 도구가 있지만 우리가 이 책에서 사용하는 도구는 몇 개되지 않으므로 걱정할 필요가 없다. 게다가 포토샵 도구 사용법을 익히고 나면 사용하기 쉽다는 것을 알게 될 것이다.

Tools 패널에서 알아두어야 할 중요한 사항들을 살펴보자.

## Tools 패널

라이트룸 [Develop] 모듈 히스토그램 아랫부분에 수평 Tools 패널이 있으므로 여러분은 이미 도구 사용에 익숙할 것이다. 물론 포토샵에는 라이트룸의 여섯 가지 도구에 비해 훨씬 많은 71가지 도구가 있지만, 몇 가지 도구만 사용할 것이므로 모든 도구의 사용법을 배울 필요는 없다(예제에서는 'Essential' 작업 환경으로 전환하였다-18쪽 참고).

포토샵 Tools 패널은 그림과 같이 세로형이다.

> **Tip**
> Tools 패널을 다른 위치에 놓고 싶으면 윗부분 탭을 드래그하여 경계로부터 분리하고 원하는 위치에 놓으면 된다.

## 숨겨진 도구 선택하기

Tools 패널의 도구들은 어도비에서 사용자가 많이 사용하는 기능을 선별하여 넣은 것이다. 도구 버튼 오른쪽 아랫부분 작은 삼각형은 해당 도구 뒤에 다른 도구들이 숨겨져 있다는 것을 의미한다. 해당 도구를 누르고 있으면, 숨겨진 도구를 보여주는 작은 메뉴가 열린다.

예를 들어, 닷지 도구(🔍)를 누르고 있으면, 번 도구(🔲)와 스펀지 도구(⬤)가 나타난다. 예제의 경우, 빠른 선택 도구(🖌)를 누르고 있으니 사촌격인 마술봉 도구(🪄)가 나타났다.

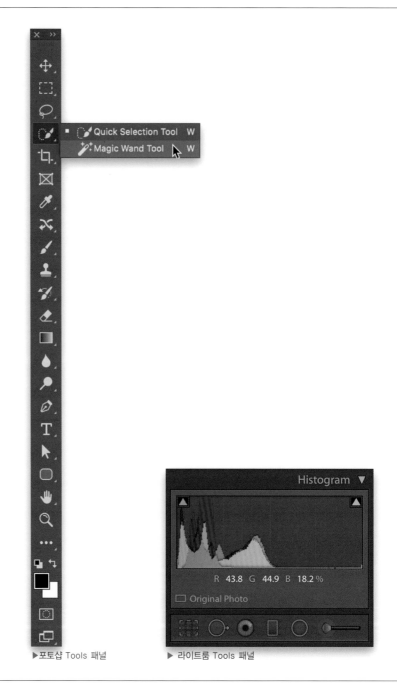

▶ 포토샵 Tools 패널　　▶ 라이트룸 Tools 패널

## 도구 옵션

도구를 클릭하면 관련 기능과 조절 항목이 옵션바에 표시된다. 그림은 마술봉 도구(✦)를 선택했을 때 나타나는 옵션이다. 옵션을 기본 설정으로 변경하려면 옵션바를 마우스 오른쪽 버튼으로 클릭하고 [Reset Tool]을 실행한다.

## 도구 단축키

대부분의 도구에는 지정된 단축키가 있다. 올가미(Lasso) 도구(◗) 단축키는 L, 브러시(Brush) 도구(✎) 단축키는 B인 것처럼 일부 도구들의 단축키는 이름과의 연관성이 명확한 반면, 이동 도구(✛) 단축키는 V와 같이 명확하지 않은 키를 제공한다.

알파벳은 26자 밖에 되지 않지만, 포토샵 도구는 71가지이기 때문에 하위 도구들은 단축키를 공유해야 한다. 예를 들어, I를 누르면 스포이드 도구가 선택되는데, 스포이드와 묶여 있는 도구들도 같은 단축키를 사용한다. 그 메뉴 안 다른 도구를 선택하려면 Shift를 함께 사용한다. 예를 들어, Shift+I를 누를 때마다 메뉴 안에 다음 도구로 전환된다.

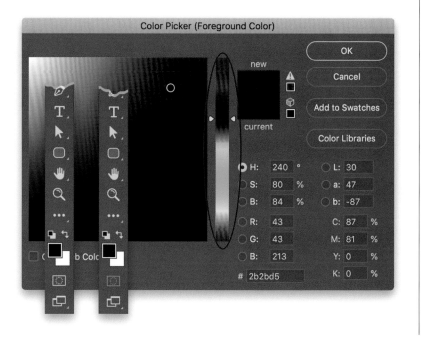

## 전경색과 배경색

Tools 패널 아랫부분에는 두 개의 색상 상자가 있다. 왼쪽 위에 있는 것은 전경색이고 아래에 있는 것은 배경색이다. 브러시를 사용하는 경우 전경색으로 지정된 색을 사용하며, 그라데이션을 만드는 경우 배경색도 함께 사용하게 된다.

색상 박스를 클릭하면 색을 변경할 수 있는 [Color Picker] 대화상자가 표시되고, 중간에 있는 그라데이션 바에서 색상을 지정한 후 왼쪽 사각형에서 명도와 채도를 선택할 수 있다.

D를 누르면 전경색은 검은색, 배경색은 흰색으로 지정되고 X를 누르면 전경색과 배경색이 교체된다.

# 인터페이스 사용하기

포토샵에서는 Tools 패널을 제외한 패널이 기본적으로 화면 오른쪽에 배치되어 있다. 또한 26개 패널 중 대부분의 패널이 숨겨져 있다. 모든 패널은 [Window] 메뉴에서 볼 수 있다. 도구와 마찬가지로 사진가에게는 단 몇 개의 패널만 필요하다. 또한 사진을 보거나 다루는 데 사용하는 단축키들도 라이트룸 사용자들에게 익숙할 것이다.

여기서는 포토샵 윈도우 전체를 보여주기 위해 'Application Frame'을 선택했다. [Window] 메뉴에서 이 기능을 비활성화할 수 있다.

## 패널 숨기기

Tools 패널과 윗부분 옵션바를 포함한 모든 패널을 숨기려면 Tab 을 누른다. 그러면 사진만 볼 수 있는 그림과 같은 창이 된다. Tools 패널과 옵션바는 그대로 두고 패널만 숨기려면 Shift + Tab 을 누른다.

### Tip

**포토샵 Navigator 패널**

라이트룸의 Navigator 패널을 좋아한다면, 포토샵에도 동일한 패널이 있다. [Window]-[Navigator]를 선택하면 된다. 사진 섬네일 아랫부분 슬라이더를 사용해서 사진을 줌 인/줌 아웃할 수 있고, 사진을 확대한 다음 빨간색 직사각형을 드래그해서 원하는 영역을 볼 수 있다.

## 사진 줌 인/줌 아웃하기

포토샵에서도 라이트룸과 동일한 단축키를 사용해 사진을 줌 인/줌 아웃한다. Ctrl + + (Mac: ⌘ + + )를 눌러 줌 인하고, Ctrl + − (Mac: ⌘ + − )를 눌러 줌 아웃할 수 있다. 사진을 화면에 꽉 차게 최대한 확대하려면, 손 도구(✋)를 더블클릭한다. 사진을 100%(1:1) 보기 모드로 줌 인하려면, 돋보기 도구(🔍)를 더블클릭한다. 특정 영역을 줌 인하려면, 돋보기 도구로 줌 인하고 싶은 영역을 클릭하고 드래그한다. 사진을 줌 인한 다음 스크롤바를 사용해서 다른 영역을 볼 수 있지만, Space Bar 를 누르고 있으면 손 도구로 전환되므로 클릭 및 드래그하여 원하는 영역을 쉽게 볼 수 있다.

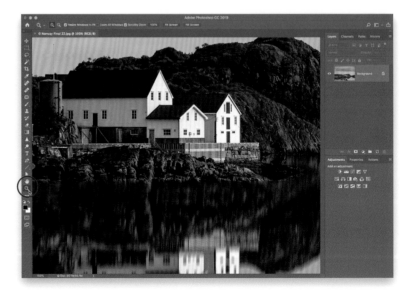

❶ 펼쳐진 모습

❷ 탭을 더블클릭해 이름만 보이는 모습

❸ 아이콘 형태로 표시한 모습

## 패널 접기

패널을 접어서 사진을 더 넓게 볼 수 있다. 패널은 다음과 같이 표시 및 정리할 수 있다.
❶ 일반적인 전체 패널 보기
❷ 탭을 더블클릭해서 패널 이름만 보이도록 하기
❸ 'Collapse to Icons' 아이콘(▶▶)을 클릭하여 오른쪽으로 접어 아이콘 형태로 표시하기 (접힌 패널을 다시 펴려면 'Expand Panels' 아이콘(◀◀)을 클릭한다.)

## 패널 순서 설정과 패널 닫기

패널 순서를 바꾸려면, 패널 탭을 원하는 위치에 드래그하면 된다. 그림의 경우, 네 번째에 있던 History 패널을 두 번째 위치로 드래그했다. 패널을 다른 그룹으로 이동하려면, 탭을 다른 그룹 탭으로 드래그한다.

패널을 속한 그룹에서 제거하고 싶다면, 패널 탭을 패널 그룹 밖으로 드래그하여 분리한 다음 오른쪽 윗부분 ×를 클릭해서 닫는다.

## 패널 열고 추가하기

포토샵의 모든 패널은 [Window] 메뉴에서 찾을 수 있으며, 메뉴를 클릭해 체크 표시하면 패널이 작업 화면에 나타난다.

표시한 패널을 패널 그룹에 추가하려면, 패널 탭을 원하는 그룹으로 드래그한다. 그림은 Character 패널을 패널 그룹에 추가하고 있는 것으로, 패널을 그룹으로 드래그하면 하위 패널이 속한 전체 그룹의 둘레가 파란색으로 표시되면서 어느 그룹에 포함될 것인지 보여 준다. 이때 탭을 놓으면 해당 그룹에 포함된다. 파란색 수평선 또는 바가 보인다면 새로운 패널 그룹을 만든다는 의미이다.

# 회전, 뒤집기 & 그 외 중요한 기능 알아보기

이번 챕터 앞부분에서 이미 자유 변형을 사용해서 레이어에 있는 요소 크기를 설정하는 방법을 알아보았다. 그러나 자유 변형은 변형 기능의 맥가이버 칼같이 다양한 용도로 사용할 수 있다.
이번에는 간단한 프로젝트를 통해 자유 변형의 크기 조절 외 다른 기능을 알아보자.

배경 이미지를 불러온다. 예제 사진은 어도비 스톡 사이트에서 다운로드한 경기장 조명 사진이다.
아랫부분에 미식 축구 경기장 필드 이미지를 추가하고 싶어서 필드 이미지도 다운로드했다. 배경에 필드를 넣기 위해 필드 이미지를 불러오고 Ctrl + A(Mac: ⌘ + A)를 눌러 선택한 다음 Ctrl + C(Mac: ⌘ + C)를 눌러 복사한다.

### Tip

**이미지를 복사하는 또 다른 방법**

필드 이미지를 표시하고 [Layer]-[Duplicate Layer]를 실행한 다음 Destination을 경기장 조명 이미지로 지정하고 [OK] 버튼을 클릭하면, 필드 이미지가 새로 만들어진 별도의 레이어에 나타난다.

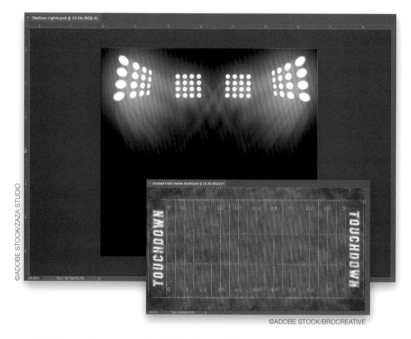

경기장 조명 이미지를 표시하고 Ctrl + V(Mac: ⌘ + V)를 눌러 별도의 레이어에 복사한 필드 이미지를 붙인다. 예제에서 보는 바와 같이 필드 이미지가 조명 이미지보다 크다. 자유 변형의 Perspective 기능을 사용해서 필드가 납작해 보이도록 만들어 보겠다.
Ctrl + T(Mac: ⌘ + T)를 누르고 변형 상자 안쪽을 마우스 오른쪽 버튼으로 클릭한 다음 [Perspective]를 실행한다.

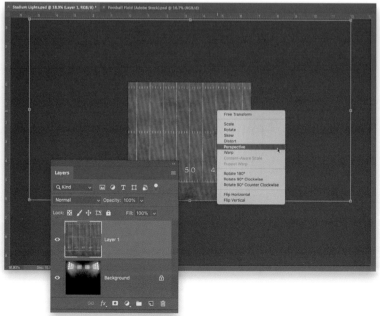

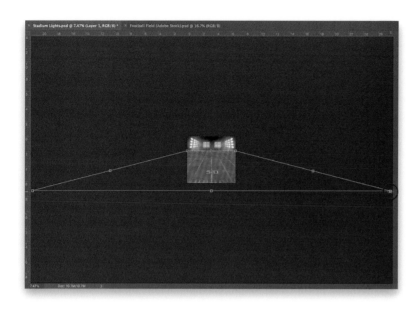

## STEP 03

원근 효과를 추가하기 위해 아랫부분 조절점을 옆으로 드래그하면 그림과 같이 이미지를 눕힌 것처럼 납작하게 만들 수 있다.

이미지 아랫부분의 조절점이 보이지 않는 경우 Ctrl + 0(Mac: ⌘ + 0)을 누르면, 자동으로 줌 아웃되어 모든 조절점에 닿을 수 있다. 설정을 마친 후 변형 상자 외부 아무 곳이나 클릭해서 변형을 적용한다.

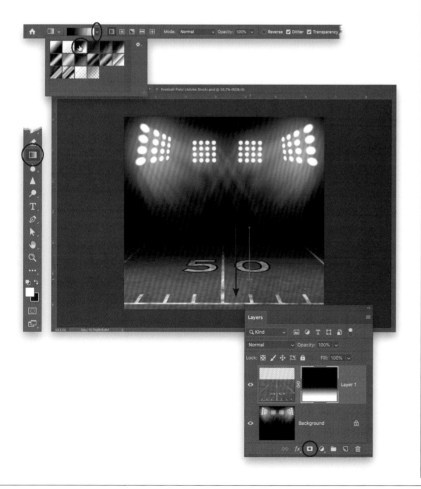

## STEP 04

이미지에 원근감을 추가했으니 이제 필드 뒤쪽 경계를 어둡게 만들어 보자. 이번 효과는 레이어 마스크를 사용해 보겠다.

Layers 패널 아랫부분에서 'Add Layer Mask' 아이콘(⬜)을 클릭한다.

그레이디언트 도구(◼, G)를 선택하고 옵션바에서 그레이디언트 상자 오른쪽 화살표를 클릭한 다음 'Black, White' 그라데이션(◼)을 선택한다.

검은색으로 만들 필드 뒤쪽을 클릭한 다음 앞쪽의 밝게 나타나야 하는 지점까지 드래그한다. 결과가 마음에 들지 않는다면 Ctrl + Z(Mac: ⌘ + Z)를 눌러 설정을 취소하고 이전과 약간 다른 지점부터 다시 드래그한다.

**STEP 05**

다음은 로고를 추가해 보자. 필자가 이미 별도의 레이어에 로고를 가지고 있으며, 문서들 사이에 레이어를 복사해서 붙일 수 있다는 점을 배웠으므로 이번 단계는 쉽다.

로고 이미지를 불러오고 Layers 패널에서 로고 레이어를 선택한 다음 Ctrl + C 를 눌러 복사한나.

경기장 조명 레이어를 클릭하고 Ctrl + V 를 누르면, 새로 만든 로고 레이어가 나타난다.

이동 도구(✛, V )를 선택하고 로고를 원하는 위치로 드래그한다.

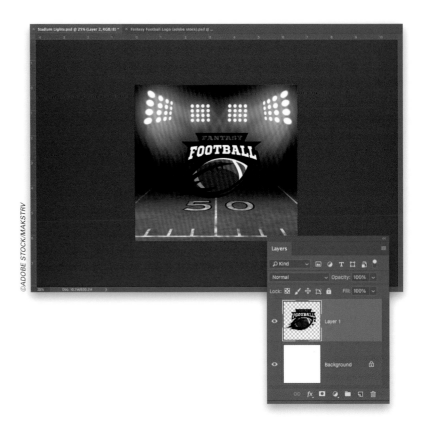

**STEP 06**

자유 변형을 사용해서 로고에 그림자를 만들어 보자. 먼저 로고 레이어를 복제해야 하는데, 가장 빠른 레이어 복제 방법은 Ctrl + J (Mac: ⌘ + J )를 사용하는 것이다.

D 를 눌러 전경색을 '검은색'으로 지정하고 Alt + Shift + Back Space (Mac: Option + Shift + Delete )을 눌러 복제한 로고 레이어를 검은색으로 채운다.

이때 단축키에서 Shift 를 빼고 Alt + Back Space 만 누르면, 레이어 전체가 검은색으로 채워진다. Layers 패널에서 검은색으로 채운 복제 로고 레이어를 원본 로고 레이어 아래로 드래그한다. Ctrl + T (Mac: ⌘ + T )를 누르고 윗부분 조절점을 아래로 드래그하여 로고를 납작하게 만든 다음 안쪽을 클릭하고 그림과 같이 원본 로고 아래 지면으로 드래그한다. 변형 상자 바깥쪽을 클릭해서 변형을 적용한다.

**Note**

포토샵에 내장된 레이어를 위한 그림자 효과는 그림자를 바닥이 아닌 로고 뒤에 만들기 때문에 직접 그림자 효과를 만들었다.

## STEP 07

앞 단계에서 만든 그림자는 경계선이 선명하다. 필터를 사용해서 경계를 부드럽게 만들어 보자. [Filter]-[Blur]-[Gaussian Blur]를 실행한다(블러 효과를 만드는 주 필터이다). 대화상자에서 Radius를 '24Pixels'로 설정하고 [OK] 버튼을 클릭한다.

좀 더 현실감 있는 그림자를 만들기 위해 Layers 패널에서 Opacity를 '65%' 정도로 낮춘 다음 선수 사진을 불러온다. 이 사진 역시 별도의 레이어에 있으므로 복제해서 원본 사진 파일에 붙일 수 있다. 선수 사진을 불러온 다음 레이어를 클릭하고 드래그해서 레이어 스택 맨 위에 놓은 다음 자유 변형(지금쯤이면 단축키를 기억할 것이다)으로 크기를 축소한다. 크기를 축소한 선수는 왼쪽으로 드래그해서 그림과 같이 이미지 왼쪽 밖으로 나가는 위치에 놓는다. 변형 상자 외부를 클릭해서 크기 설정을 적용한다.

## STEP 08

선수 사진 레이어를 복제하고 수평으로 반전하여 오른쪽에 배치해 보자.

Ctrl + J를 눌러 선수 사진 레이어를 복제하고 이동 도구( )를 선택한 다음 드래그해서 두 선수 이미지가 모두 잘 보이도록 사진 가운데에 배치한다. 이제 Ctrl + T를 누르고 안쪽을 마우스 오른쪽 버튼으로 클릭한 다음 [Flip Horizontal]을 실행한다.

**STEP 09**

두 선수가 마주 보게 되었다. 복제한 사진을 그림과 같이 캔버스 오른쪽에 배치한다. 뒤에 있는 로고가 보이도록 두 선수 사이에 충분한 간격이 있어야 한다.

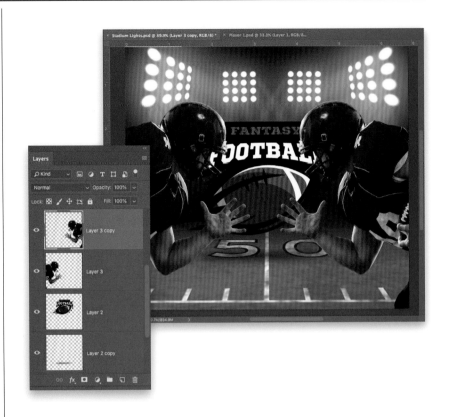

**STEP 10**

선수들의 헬멧에 작은 로고를 넣어 보자. Layers 패널에서 로고 레이어를 클릭하고 Ctrl + J 를 눌러 복제한 다음 복제 레이어가 선수 사진 위에 나타나도록 레이어 스택 가장 윗부분으로 드래그한다.

Ctrl + T 를 누르고 헬멧에 맞는 크기로 축소한 다음 각도를 조절하고 왼쪽 선수 헬멧에 배치한다.

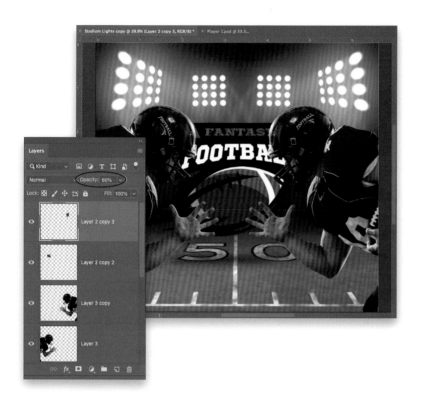

## STEP 11

실제 헬멧에 있는 로고처럼 보이게 만들기 위해 Layers 패널에서 Opacity를 '60%' 정도로 설정한다. 오른쪽 선수 헬멧에도 동일한 로고를 추가한다.

**Note**

이번 프로젝트를 마무리할 때쯤 동일한 선수 사진을 양쪽에 배치한 것이 마음에 들지 않아서 동일한 선수지만 다른 포즈의 사진을 다운로드한 다음 수평으로 뒤집어 오른쪽에 배치했다. 이번 프로젝트를 따라 오는 데 어려움을 겪었다고 해도 너무 걱정하지 말자. 이 프로젝트는 첫 번째 프로젝트보다 훨씬 높은 레벨의 작업이지만 최소한 자유 변형을 능숙하게 사용할 수 있게 되었을 뿐만 아니라 레이어와 불투명도를 다루는 것에도 익숙해지지 않았는가? 이 기능들은 기본적으로 익혀 두면 좋다.

## STEP 12

뒤쪽에 있는 큰 로고에 경기장 조명이 비추는 것처럼 보이도록 푸른색 글로우 효과를 추가해 보겠다.

Layers 패널에서 큰 로고 레이어를 선택하고, 패널 아랫부분의 'Add a layer style' 아이콘(ƒx)을 클릭한 다음 **[Outer Glow]**를 실행한다. 대화상자가 표시되면 색상 상자를 클릭해서 [Color Picker] 대화상자를 표시하고 사진에서 조명에 있는 푸른색을 클릭한다. 해당 색상이 글로우 효과 색으로 지정된다. [OK] 버튼을 클릭하고 Color Size 슬라이더를 오른쪽으로 드래그하면 효과가 커지고, Opacity 슬라이더를 오른쪽으로 드래그하면 더 진해진다. 설정이 흡족하다면 [OK] 버튼을 클릭해서 적용한다.

이동 도구(✛)를 선택하고 로고를 선수들이 많이 가리지 않는 위쪽으로 드래그한다.

# 일부만 보정하기 위한 기본 선택 도구 사용하기

라이트룸의 [Develop] 모듈 슬라이더 설정은 대체로 사진 전체에 영향을 미친다. 그러므로 사진의 일부 영역만 보정하고 싶다면, Adjustment Brush 기능으로 보정할 영역을 드래그해서 선택해야 한다.

포토샵에서는 보통 선택 도구로 설정을 적용할 영역을 선택하는 작업부터 시작한다. 포토샵에는 상상할 수 있는 모든 유형의 선택 도구가 있으며, 바로 이 점이 포토샵을 강력하게 만든 요소 중 하나이다. 이번에는 가장 많이 사용하게 될 기본 선택 도구를 알아볼 것이며, 상급 선택 도구는 나중에 다룰 것이다.

## 직사각형 형태로 선택하기

사각형 형태의 영역을 선택할 때는 사각형 선택 도구(▣, M)를 사용한다. 도구를 선택하고 그림과 같이 드래그해서 직사각형 형태 선택 영역을 지정한다.

**Note**

Shift를 누른 채 드래그하면 정사각형 형태 선택 영역을 지정할 수 있다.

## 선택 영역 보정하기

이제 보정 설정은 선택 영역 내부에만 영향을 미친다. 직접 시험해 보자.

포토샵에서는 색을 제거하는 Desaturate 기능이 있다. 해당 단축키인 Ctrl + Shift + U (Mac: ⌘ + Shift + U)를 누르면 선택 영역 안쪽 색이 제거된다.

반대의 효과도 만들 수 있다. 선택이 된 상태로 [Select]-[Inverse](Shift + Ctrl + I)를 실행하고 Desaturate를 실행하면 사각형 바깥쪽 색이 제거된다.

Undo(Ctrl + Z)(Mac: ⌘ + Z)를 여러 번 실행하여 색상을 제거하기 전 단계로 복구한다.

## 선택 영역에 다른 선택 영역 추가하기

영역을 선택하고 다른 영역을 추가하고 싶다면, Shift를 누른 채 드래그해서 추가 선택 영역을 설정한다.

예제의 경우, 첫 번째 선택 영역 오른쪽에 두 개의 작은 선택 영역을 추가했다. 그 결과, 원래 직사각형 선택 영역에 나중에 선택한 두 개의 영역이 추가되었다.

## 선택 영역에서 일부 영역 선택 해제하기

선택 영역에서 일부 영역의 선택을 해제하고 싶다면, Alt(Mac: Option)를 누른 채 선택을 해제하고 싶은 부분을 드래그한다. 예제의 경우 선택 영역 왼쪽을 드래그해서 선택을 해제했다. Desaturate(Ctrl+Shift+U)를 실행하면 남은 부분만 색상이 제거된다. 다시 Ctrl+Z를 눌러 색상을 제거하기 전 단계로 복구한다.

**Note** - - - - - - - - - - - - - - - - - - - - - - - - -
Shift와 Alt(Mac: Option)는 포토샵에서 만드는 모든 선택 영역에서 동일하게 사용할 수 있다.
- - - - - - - - - - - - - - - - - - - - - - - - - - - - - -

## 원형 형태로 선택하기

원형 선택도 사각형 선택과 동일한 방식으로 할 수 있다. 원형 선택은 원형 선택 도구(◯, Shift +M)를 사용한다.

드래그하는 대로 타원 형태로 선택되고, Shift 를 누른 채 드래그하면 완벽한 원형으로 선택 된다.

## 자유롭게 선택 영역 지정하기

올가미 도구(◯, L )는 원하는 형태로 드래그 해서 선택할 수 있는 도구이다. 펜으로 경계선 을 따라 그리는 것처럼 드래그하면 된다. 드래 그를 시작한 지점으로 돌아왔을 때 마우스 버 튼을 놓으면 시작 점과 끝 점이 연결되어 선택 된다.

선택하려는 영역에 직선이 포함되어 있지만 사 각형 형태는 아닌 경우 올가미 도구의 사촌격 인 다각형 올가미 도구(▷, Shift + L )를 사용 한다(올가미 도구 그룹에 포함되어 있다). 이 도 구는 클릭한 부분을 직선 형태로 연결하는 방 식을 사용하여 선택할 수 있다.

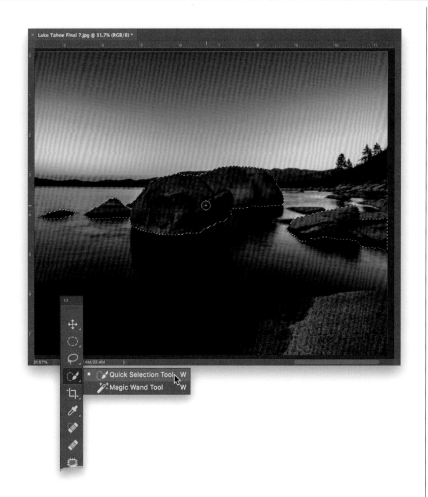

## 빠른 선택 도구 사용하기

크기가 큰 요소를 선택한다면 빠른 선택 도구 (📷, [W])를 사용해 보자.

선택하고 싶은 영역을 브러시로 드래그하면, 경계선을 감지해 영역을 자동 선택한다(라이트룸의 Auto Mask 기능을 활성화한 Adjustment Brush 도구와 유사한 기능이다).

선택을 원하지 않았던 부분을 선택한 경우 [Alt](Mac: [Option])를 누른 채 해당 영역을 드래그해서 선택에서 제거한다.

예제에서는 빠른 선택 도구로 큰 바위를 선택했으며, 어떤 설정이든(밝기, 어둡기, 샤프닝 등) 선택 영역에만 적용될 것이다.

## 마술봉 도구 사용하기

마술봉 도구(📷, [Shift]+[W])는 선택하고 싶은 영역이 단색으로 이루어져 있는 경우 유용하다. 예를 들어, 노란색 벽의 색을 바꾸고 싶을 때 마술봉 도구를 선택하고 한두 번의 클릭으로 벽 전체를 선택할 수 있다.

마술봉 도구는 빠른 선택 도구에 포함되어 있다. 옵션바의 Tolerance는 선택 영역에 포함되는 색상 범위를 결정하며, 값이 높을수록 선택에 포함되는 범위가 넓어진다. 기본 설정은 '32'이지만 필자는 보통 '20'으로 먼저 시도해 보고 선택 영역이 너무 넓으면 '10'으로 낮춘다.

예제에서는 하늘을 선택한 다음 색을 제거하였다. 한 번의 클릭으로 전체가 선택되지 않아서 [Shift]를 누른 채 놓친 영역을 클릭하였다. 어느 부분을 클릭하는가에 따라 이 과정을 여러 번 해야 할 수도 있다.

# 라이트룸과 같은 카메라 로우 사용하기

어도비가 라이트룸을 만들었을 때 포토샵의 Camera Raw 플러그인을 라이트룸에도 추가했다(동일한 슬라이더들이 동일한 순서로 배치되어 있으며, 기능도 동일하다). 그것이 바로 라이트룸의 [Develop] 모듈이다. [Develop] 모듈의 보정 기능이 필요한 경우, Camera Raw의 필터 기능을 사용하면 되기 때문에 라이트룸으로 다시 전환할 필요가 없다. 이번에는 Camera Raw 기능을 알아보자.

**STEP 01**

라이트룸에서 Ctrl+E(Mac: ⌘+E)를 눌러 보정할 사진을 포토샵으로 불러온다.
[Develop] 모듈의 보정 기능이 필요하지만 아직 라이트룸으로 다시 전환할 단계가 아니라면 **[Filter]-[Camera Raw Filter]**(Shift+Ctrl+A)를 실행한다.

**STEP 02**

[Camera Raw] 대화상자에서 오른쪽을 보면 라이트룸의 [Develop] 모듈 슬라이더와 동일한 이름과 기능을 가진 슬라이더들이 배치되어 있다. 기능은 동일하지만 배치는 라이트룸과 약간 다르다. 예를 들어, Tools 패널이 왼쪽 윗부분에 있으며, 다른 패널들을 열기 위해 스크롤하는 대신 오른쪽 윗부분에 아이콘들이 가로로 배치되어 있다.
이 창에서 [Develop] 모듈 보정을 설정하고 [OK] 버튼을 클릭해서 적용한 다음 원래의 포토샵 창으로 돌아와 작업을 계속하면 된다.

레이어 블렌드 모드는 레이어 사이에 효과를 넣고 혼합하는 데 새로운 세계를 열어 줄 기능이며, 사용법 또한 매우 쉽다. 이 기능은 기본적으로 현재 활성화된 레이어와 아랫부분에 있는 레이어의 상호 작용 방식을 설정한다.

선택한 블렌드 모드에 따라 어둡거나 밝거나 대비를 강하게 만드는 등 다양한 효과로 아랫부분 레이어에 변화를 준다. 예제에서는 가장 많이 사용하는 블렌드 모드 몇 가지를 소개하려 한다.

# 레이어 블렌드 모드 사용하기

## STEP 01

배경 이미지 위 다른 레이어가 있을 때 윗부분 레이어 블렌드 모드가 'Normal'인 경우에는 레이어가 불투명하기 때문에 아래에 있는 이미지가 전혀 보이지 않는다. 블렌드 모드를 변경하면 윗부분 이미지는 아랫부분의 이미지와 혼합되어 나타난다. 블렌드 모드는 Layers 패널 윗부분 Lock이라는 단어 위에 있는 목록에서 선택한다.

목록을 누르고 있으면 27가지의 블렌드 모드 메뉴가 나타난다. 가장 많이 사용되는 블렌드 모드는 윗부분 이미지를 어둡게 만들어 아랫부분 이미지(들)와 혼합되는 'Multiply'이다. 'Screen'은 그와 반대로 밝게 만든다. 'Soft Light'는 대비 효과를 추가하며 'Overlay'는 더 강한 대비 효과를 추가한다.

## STEP 02

예제에서는 그나지 많이 사용하지 않는 'Hard Light' 모드를 선택했다. 그 이유는 이 블렌드 모드가 가장 좋아 보였기 때문이다.

Shift + + 를 누를 때마다 블렌드 모드를 전환할 수 있기 때문에 27가지 모드를 모두 적용해 보면 최적의 블렌드 모드를 찾을 수 있다.

또한 각 목록에 마우스 포인터를 올려도 효과를 미리 볼 수 있다.

흥미로운 점은 상자 사진을 위에 놓고 커피잔 사진을 아랫부분에 놓으면 동일한 블랜딩 모드를 사용해도 전혀 다른 결과가 나온다는 것이다. 바로 이 점이 필자가 좋아하는 블렌드 모드의 특징이다. Shift + + 를 잊지 말자. 이 키는 레이어 블렌드 모드와 사랑에 빠지게 만들어 줄 비법의 키이다.

# 레이어 핵심 기능 10가지 익히기

필요한 레이어 기능을 쉽게 찾을 수 있도록 사용 빈도가 높은 레이어 기능 10가지를 두 페이지에 모아서 실었다.

## 01

### 레이어 삭제하기

삭제할 레이어를 클릭한 다음 Back Space(Mac: Delete)를 누르거나 레이어를 휴지통 아이콘(🗑)으로 드래그해서 삭제한다.

## 02

### 문자 레이어 모든 텍스트 일괄 선택하기

문자 레이어의 'T'를 더블클릭한다.

## 03

### 새 레이어 만들기

'Create a new layer' 아이콘(🖻)을 클릭한다.

## 04

### 다양한 블렌드 모드 시도해 보기

마음에 드는 블렌드 모드를 발견할 때까지 Shift+⊕를 반복해서 누르거나 블렌딩 모드 목록에 마우스 포인터를 올려 해당 블렌딩 모드를 확인한다.

## 05

### 레이어 순서 바꾸기

레이어를 드래그하여 순서를 변경한다. 레이어를 선택하고 Ctrl을 누른 채 ⊡와 ⊡를 이용하면 레이어 순서를 변경할 수 있다.

#01

#02

#03

#04

#05

#05

#06

#06

#07

#07

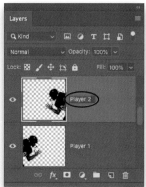

#08

#09

#10

#10

##  06

### 'Background' 레이어를 일반 레이어로 변환하기

'Background' 레이어 오른쪽에 있는 자물쇠 아이콘(🔒)을 클릭한다.

## 07

### 레이어 숨기기

레이어에서 왼쪽에 있는 눈 아이콘(👁)을 클릭해서 레이어를 숨긴다. 다시 눈 아이콘이 있던 부분을 클릭하면 레이어가 표시된다. 다른 레이어는 숨기면서 하나의 레이어만 보고 싶다면 Alt (Mac: Option )를 누른 채 눈 아이콘을 클릭한다. 다시 다른 레이어를 보이게 하려면 클릭했던 눈 아이콘을 Alt 를 누른 채 클릭한다.

##  08

### 레이어 이름 변경하기

Layers 패널에서 레이어 이름을 더블클릭해서 선택한 다음 새 이름을 입력하고 Enter (Mac: Return )를 눌러 적용한다.

##  09

### 레이어 복제하기

레이어를 선택하고 Ctrl + J (Mac: ⌘ + J )를 누른다.

##  10

### 다수의 레이어 일괄 선택하기

Ctrl (Mac: ⌘ )을 누른 채 원하는 레이어를 클릭해서 선택한다. 만약 레이어들이 붙어 있다면, Shift 를 누른 채 첫 번째 레이어와 마지막 레이어를 클릭해서 일괄 선택한다. 일괄 선택한 레이어는 하나의 그룹으로 움직인다.

## Chapter 02

# 라이트룸에서 포토샵으로 전환하기

## JUMP

라이트룸과 포토샵 사이를 건너뛰며 작업하는 내용에 대한 챕터 제목은 미국 가수 '반 헤일런' 의 유명한 노래 제목인 'Jump'가 되어야 한다고 생각했다.

반 헤일런은 리드 싱어가 '새미 하거'로 교체된 후 탁월한 기타리스트가 있는 훌륭한 밴드가 되었다. 그러나 나에게는 '데이빗 리 로스'가 있던 반 헤일런(교체 전)이 '진짜'이다.

그들은 리드 싱어를 교체한 이후 밴드 이름을 '반 호이젠(미국 남성 셔츠 1위 브랜드)'으로 바꿨어야 했다. 그러면 팬들은 이 밴드가 진짜 반 헤일런이 아니라는 점과 이 이름이 셔츠 브랜드 이름으로 잘 어울릴 것이라는 점을 바로 알았을 것이다.

반 호이젠이 1921년 부드럽게 접히는 깃으로 특허를 받은 후 현대적인 디자인의 저렴한 고품질 셔츠를 계속 만들어 왔다는 사실을 알고 있는가? 인터넷에서 읽은 정보이므로 사실이 틀림없다. 인터넷 정보 진실 보장 국제협의회(IITEIC)에서 이 정보가 100% 진실임을 보장한다. 반 호이젠이 여성 의류, 스포츠 의류와 다양한 액세서리까지 만드는 라이프스타일 브랜드로 성장했다는 사실을 아는가?

지금 여러분은 반 호이젠을 언급하는 것이 책에 광고를 슬그머니 끼워 넣으려는 수작이라고 생각하고 있겠지만 그건 말도 되지 않는 억측이다. 이것은 틀림없이 명품 브랜드보다 훨씬 낮은 가격으로, 고급 원단의 독창적인 패션을 즐길 수 있는 반 호이젠을 견제하는 캘빈 클라인 이나 케네스콜 마케팅 팀이 만든 근거 없는 모략이다. 정말 터무니없다. 필자는 절대 그런 수준 낮은 짓은 하지 않는다(www.vanheusen.com).

사실 조사를 좀 해 봤는데, 아주 흥미로운 점을 발견했다. 새미 하거가 반 헤일런에서 쫓겨나고 진정한 리드 싱어 데이빗 리 로스가 재영입된 진짜 이유는 세미 하거가 규모가 꽤 큰 남성용 바지 회사를 소유하고 있기 때문이다(www.haggar.com). 정말 충격적이지 않은가? 최소한 진실은 밝혀졌으니 다행이다.

# 라이트룸에서 포토샵으로 전환하기 (그리고 돌아가기)

라이트룸에서 작업하다가 포토샵으로 전환하는 과정은 매우 간단하다. 또한 포토샵에서 작업한 파일을 라이트룸으로 전환해서 불러오는 방법 역시 쉽다. 그 방법을 알아보자.

## RAW 파일

라이트룸에서 RAW 파일을 포토샵으로 불러오려면 Ctrl + E (Mac: ⌘ + E )를 누른다. 어떤 메시지나 창도 표시되지 않고 포토샵으로 바로 불러온다. 포토샵이 열려 있지 않더라도 자동으로 포토샵이 실행된다.

메뉴([Photo]-[Edit In]-[Edit in Adobe Photoshop CC])를 사용하는 방법도 있지만 단축키를 사용하는 것보다 느리다. 필자는 시간당으로 보수를 청구하는 경우에만 사용한다.

## JPEG, TIFF, PSD 파일

JPEG, TIFF, PSD 파일의 경우는 방법이 약간 다르다. 단축키( Ctrl + E )는 동일하지만 대화상자에서 파일 처리 방식을 선택해야 한다. 대화상자에는 세 가지 선택 항목이 있다.

❶ 라이트룸에서 적용한 설정을 그대로 적용한 복제 파일을 포토샵에서 연다. 필자는 보통 이 항목을 선택한다.

❷ 라이트룸에서 적용한 설정을 복제 파일에 적용하지 않는다. 필자는 이 항목을 선택하는 경우가 없다.

❸ 포토샵에서 추가한 레이어를 그대로 유지한 채 파일을 저장하고 라이트룸으로 다시 돌아온 다음, 라이트룸에서 그 파일을 다시 포토샵에서 열 때 레이어가 그대로 유지되기를 원하는 경우에 사용한다. 그 외에는 원본 파일을 가지고 작업하는 위험을 감수하는 경우가 없기 때문에 선택하지 않기를 조언한다.

## 라이트룸으로 다시 돌아가기

사진을 포토샵으로 불러오고 일반 포토샵 작업과 같이 실행하면 된다. 포토샵에서의 작업을 완료하면 사진을 다시 라이트룸으로 보내는 방법은 다음과 같이 진행한다.

❶ 파일을 저장한다.
❷ 파일을 닫는다.

그러면 사진은 자동으로 라이트룸으로 돌아가며, 라이트룸의 [Preferences] 대화상자 [External Editing] 탭 화면에서 'Stack With Original'에 체크 표시하면(이 항목은 52쪽에서 알아볼 것이다) 편집한 복제 파일이 원본 파일 옆에 배치된다.

## 사진을 라이트룸으로 돌려 보내지 않는 방법

라이트룸에서 포토샵으로 보낸 사진을 편집하지 않기로 결정했다면, 창을 닫거나, Ctrl + W (Mac: ⌘ + W)를 누르고 파일을 저장하겠냐는 메시지가 표시되면 [Don't Save] 버튼을 클릭한다.

# 포토샵으로 보내는
# 파일 처리 방식
# 지정하기

라이트룸에서 사진을 다른 프로그램으로 보내는 것은 라이트룸이 아닌 외부에서 사진을 편집하는 것이므로 '외부 편집'이라고 한다. 라이트룸에는 외부 편집 설정 항목이 있어서 외부 편집 프로그램 선택부터 편집 방식과 파일 형식까지 설정할 수 있다. 외부 편집 설정 과정을 알아보자.

라이트룸에서 Ctrl + . 를 눌러 [Preferences] 대화상자를 표시하고 [External Editing] 탭을 선택한다.

컴퓨터에 포토샵이 설치되어 있다면, 기본 외부 프로그램으로 포토샵이 설정되어 있기 때문에 별도로 설정할 필요가 없다(만약 여러 버전의 포토샵이 설치되어 있다면, 가장 최신 버전이 자동으로 선택된다. 필자의 경우에는 포토샵 CC 2019가 기본 외부 편집 프로그램으로 설정되었다. 기본 기능만 있는 포토샵 프로그램인 포토샵 엘리먼트가 설치된 경우 포토샵 엘리먼트가 기본 외부 편집 프로그램으로 설정된다.

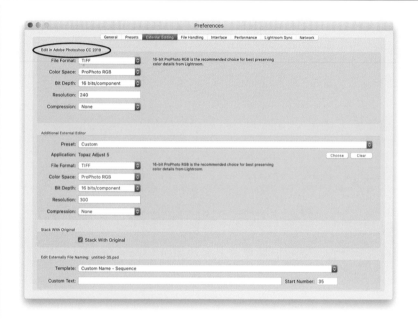

아래에 있는 항목에서 포토샵으로 보내는 사진 형식을 설정할 수 있다.

❶ File Format: 파일 형식이다.

❷ Color Space: 색상 프로필을 적용한다. 16 비트의 TIFF 형식 복제 파일을 보내도록 설정되어 있다.

❸ Bit Depth: 비트 깊이를 16비트로 설정한다.

❹ Resolution: 해상도는 240ppi로 기본 설정되어 있다.

File Format을 포토샵 고유 파일 형식인 'PSD' 로 지정했다. TIFF에 비해 PSD 파일이 화질 손실 없으면서 크기가 훨씬 작은 경우가 많기 때문이다.

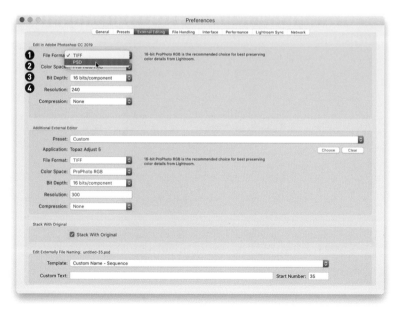

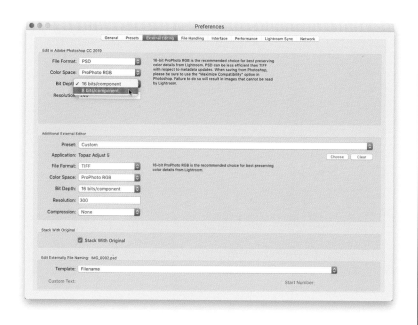

## STEP 03

Bit Depth에서 포토샵으로 보내는 파일 깊이를 설정한다. 최상의 화질을 유지하고 싶다면 '16bits/component'로 지정한다. 하지만 16비트 편집에는 몇 가지 단점이 있다.

❶ 포토샵 일부 필터와 기능들을 사용할 수 없다.

❷ 파일 크기가 두 배로 커진다(예를 들어, 36MB TIFF 파일이 72MB가 된다). 여러분에게는 그다지 큰 문제가 아닐 수도 있지만, 미리 알아두면 좋다.

필자는 주로 8비트 모드로 작업한다.

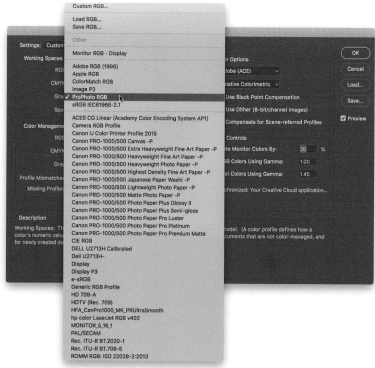

포토샵의 Color Settings 대화상자

## STEP 04

Color Space에서는 파일 색 공간을 설정할 수 있다. 어도비에서는 최상의 색 표현을 위해 'ProPhoto RGB'를 추천한다. 그러므로 라이트룸에서 Color Space를 'ProPhoto RGB'로 지정했다면 포토샵에서도 동일하게 지정하여 유지하는 것이 좋다.

포토샵에서 [Edit]-[Color Settings](Shift + Ctrl + K)를 실행하고 Working Spaces 항목의 RGB를 'ProPhoto RGB'로 지정하면 된다. 라이트룸 색 공간은 'ProPhoto RGB'로 기본 설정되어 있으며 변경이 불가능하지만, 외부로 내보내는 파일의 색 공간은 변경이 가능하다.

**STEP 05**

Resolution에서 내보내는 파일 해상도를 선택할 수 있지만, 필자는 기본 설정인 '240'을 사용한다.

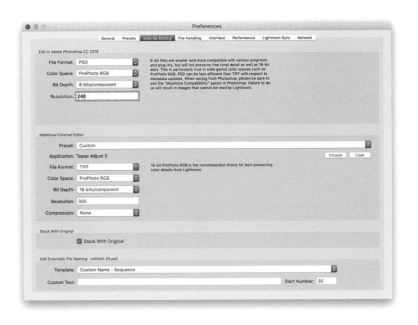

**STEP 06**

Additional External Editor 항목에서 사진을 편집할 두 번째 외부 프로그램을 추가할 수 있다. 오른쪽에서 [Choose] 버튼을 클릭하고 원하는 프로그램이나 플러그인을 찾아 선택한 다음 [Open(Mac: [Choose])] 버튼을 클릭하면 선택한 프로그램이 아래에 표시된다.

두 번째 편집 프로그램을 사용하려면 라이트룸의 [Photo]-[Edit In] 메뉴에서 선택한다.

Ctrl + Alt + E(Mac: ⌘ + Option + E)를 눌러도 된다.

그다음 'Stack With Original'은 포토샵으로 보낸 편집한 복제 파일을 라이트룸으로 돌려보낼 때 원본 파일 옆에 배치할지 선택하는 것으로, 라이트룸에서 편집한 복제 파일을 찾기 쉽도록 체크하는 것을 추천한다.

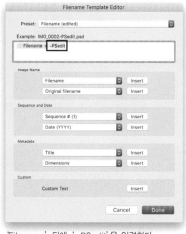

**STEP 07**

Edit Externally File Naming 항목에서 포토샵으로 보내는 파일 이름을 선택할 수 있다. 파일명 형식은 라이트룸 [Import] 대화상자에 있는 일반 파일명 형식과 유사하다. 'IMG_0002'와 같은 파일명은 너무 평범하므로 사진을 분별하기 쉬운 파일명을 설정하기 바란다.

필자는 다음과 같은 외부 편집 기본 설정을 추천한다.

Template을 'Filename'으로 지정하고 'Edit'을 선택한다.

**STEP 08**

[Filename Template Editor] 대화상자가 표시된다. 윗부분 Example에는 이미 Filename이 선택되어 있으므로 그 뒤에 커서를 놓고 '-PSedit'을 입력한다. 아직 [Done] 버튼을 클릭하지 말자.

Preset을 'Save Current Settings as New Preset'으로 지정하면 언제든지 이 파일명 형식을 사용할 수 있다. [Done] 버튼을 클릭하면 포토샵에서 편집하는 복제 파일 이름에 '-PSedit'이 붙는다. 예를 들어, 원본 파일명이 'Venice-57'이라면 포토샵에서 편집한 사진은 'Venice-57-PSedit.psd'로 저장되어 라이트룸으로 돌아왔을 때 알아보기 쉽다.

기본 설정을 완료했으니 이제 사용해 보자.

'Filename' 뒤에 '-PSedit'을 입력한다.　　　설정을 프리셋으로 지정한다.

## Chapter 03

# 스마트 오브젝트와 HDR 사용하기

## GET SMART

이번 챕터 제목은 포토샵의 스마트 오브젝트에서 따 와서 지었다. 그러나 스마트 오브젝트가 이 챕터에서 가장 멋진 기능은 아니다. 그래도 스마트 오브젝트에서 따 온 이유는 'HDR'이 포함된 영화나 노래 제목을 못 찾았기 때문이다.

흔히 고대비(High Dynamic Range) 사진을 의미하는 HDR의 어원은 Hominem Dictu Regnum이라는 라틴어로, 고대 사진 문학에서 가장자리에 커다란 흰색 글로우 효과와 해리 포터 영화와 같은 강한 색상, 그리고 선명한 검은색 구름이 있는 사진을 강가로 가져가 형태를 알아볼 수 없는 상태가 될 때까지 돌팔매질을 해야 한다는 것을 서술할 때 사용하던 문구이다.

'GET SMART'를 제목으로 사용하려면 하나의 난제(Conundrum)를 해결해야 한다. 과거의 TV 시트콤 Get Smart와 이 시트콤을 영화화한 Get Smart 중 어느 쪽의 제목을 사용할지 결정해야 하기 때문이다. 독자들이 어느 쪽을 사용한 건지 전혀 알 수 없더라도 말이다.

그런데 난제를 의미하는 'Conundrum'은 놀랍게도 라틴 어원이 없다. 이 단어는 15세기 영국에서 '더 이상 드럼을 칠 수 없는 죄수'를 서술할 때 사용하는 문구였다. 필자는 이것이 매우 흥미롭다고 생각한다.

어느 쪽의 'Get Smart'에서 제목을 가져온 건지 모르더라도 유나이티드 에어라인 항공기를 타고 두바이에 간다면 스낵 카트가 통로에 있는 동안에는 좌석을 비우지 말자.

# 스마트 오브젝트로 RAW 파일 보내기

RAW 형식 사진을 포토샵에서 재편집하고 싶다면, 라이트룸에서 복제 파일을 만들고 포토샵으로 보내는 일반적인 방법 대신 포토샵에서 Camera Raw 플러그인을 사용해 RAW 사진을 스마트 오브젝트 형식으로 재편집하여 작업 효율성을 극대화할 수 있다. Camera Raw 플러그인은 라이트룸에도 내장되어 있는데, 어도비는 이를 [Develop] 모듈이라고 부른다. 이름만 다를 뿐 동일한 슬라이더들이 동일한 순서로 배치되어 있으며, 기능도 동일하다.

STEP 01

포토샵으로 재편집이 가능한 RAW 형식 사진을 보내려면 [Photo]-[Edit In]-[Open as Smart Object in Photoshop]을 실행한다.

STEP 02

[Open as Smart Object in Photoshop]을 실행해도 포토샵에서 보는 사진에서는 어떤 차이도 느낄 수 없지만 Layers 패널의 레이어 섬네일 오른쪽 아랫부분에 있는 작은 페이지 아이콘을 통해 편집이 가능한 스마트 오브젝트라는 것을 알 수 있다.

이제 스마트 오브젝트 레이어에 다른 레이어들을 추가하고 포토샵 작업을 할 수 있다. 예제의 경우, 문자 레이어 두 개를 추가했다(여기에서 사용한 멋진 글꼴은 P22라는 회사에서 만든 유료 폰트 Cezanne이다).

새로 추가한 레이어를 클릭하고 문자 레이어 두 개 아래로 드래그한다. 문자보다 조금 더 큰 횡구도 직사각형 선택 영역을 설정하고 검은색으로 채웠다.

뒤의 백스크린이 비쳐 보이도록 불투명도를 낮춰 텍스트가 더 잘 보이도록 만들었다(자세한 방법은 Chapter 01 참고).

포토샵에서 작업하는 동안 'Background' 레이어에 있는 RAW 사진을 편집하고 싶다면, 'Background' 레이어 섬네일을 더블클릭한다. 그러면 옆의 예제와 같이 RAW 형식 파일이 포토샵 Camera Raw 플러그인으로 불러와진다.

Camera Raw에는 라이트룸의 [Develop] 모듈과 동일한 슬라이더들이 동일한 순서로 배치된다. 사진을 스마트 오브젝트로 보내는 것만이 RAW 파일을 포토샵에서 편집할 수 있는 유일한 방법이다. 그렇지 않다면, RAW 파일을 라이트룸 External Editing 설정에 따라(50쪽 참고) JPEG, TIFF 혹은 PSD 형식으로 변환한 복제 파일을 가지고 작업해야 하기 때문에 실제의 RAW 파일을 재편집하고 싶을 때 RAW 형식의 장점을 활용할 수 없으므로 스마트 오브젝트 레이어 사용을 추천한다.

# 톤 매핑한 것 같은 HDR 효과 만들기

라이트룸에는 HDR 기능이 내장되어 있으며 브라케팅 촬영한 사진들을 합성해 사실적인 HDR 이미지를 만들 수 있다. 그러나 HDR 전문 프로그램인 Photomatix에서 톤 매핑한 것과 같은 HDR 이미지를 원한다면 포토샵을 사용해야 한다. 포토샵의 HDR 기능은 사실적인 느낌을 표현하는 데는 성능이 떨어지지만 강력한 HDR 이미지를 만드는 데는 탁월하다. 톤 매핑한 HDR 이미지와 사실적인 HDR 이미지를 적절히 배합한 HDR 이미지를 만드는 기법을 알아보자.

**STEP 01**

라이트룸에서 [Ctrl](Mac: [⌘])을 이용하여 브라케팅 촬영한 사진들을 일괄 선택한다.
예제의 경우에는 적정 노출, −2 스톱 노출, +2 스톱 노출, 세 개의 사진을 선택했다. 예제 사진은 뉴욕 성 요한 성당에서 촬영했다.
사진들을 선택하고 [Photo]-[Edit In]-[Merge to HDR Pro in Photoshop]을 실행한다. 또한 선택한 사진 중 임의의 사진을 마우스 오른쪽 버튼으로 클릭하고 메뉴를 실행할 수 있다.

**STEP 02**

포토샵을 시작하고 예제와 같이 [Merge to HDR Pro] 대화상자를 불러온 다음 선택한 사진들을 합성해서 하나의 밋밋한 사진을 만든다. 합성한 사진이 밋밋해 보이는 이유는 기본 설정만 적용했기 때문이다.
예제 사진에는 세 장의 브라케팅 사진만 사용했지만, 더 많은 사진을 사용해도 된다. 몇 장의 사진을 사용해도 결과는 여전히 밋밋한 사진이 될 것이다. 복잡한 슬라이더 설정보다는 대화상자 오른쪽 윗부분 모서리에 있는 Preset에서 다양한 프리셋을 적용해 보자. 그러나 효과가 대부분 만족스럽지 않다.

어도비는 HDR 프리셋에 대한 필자의 불만에 지쳤는지 몇 년 전 필자의 프리셋 중 하나를 메뉴에 넣을 수 있는지 문의했고, 그 결과, 필자의 프리셋이 Merge to HDR Pro 프리셋에 포함되었다. 이름은 'Scott5'이다. Preset을 'Scott5'로 지정해 보자. 효과가 확연하게 보이지만 아직은 부족하다.

Strength 아래에 있는 'Edge Smoothness'에 체크 표시해서 일부 거친 경계를 제거한다 (필자가 프리셋을 만든 당시에는 이 기능이 없었다. 그때 이 기능이 있었다면 고려해서 프리셋을 만들었을 것이다). 이제 사진이 더 HDR 이미지처럼 보이지만 여전히 너무 어두우므로 아직 [OK] 버튼을 클릭하지 말자.

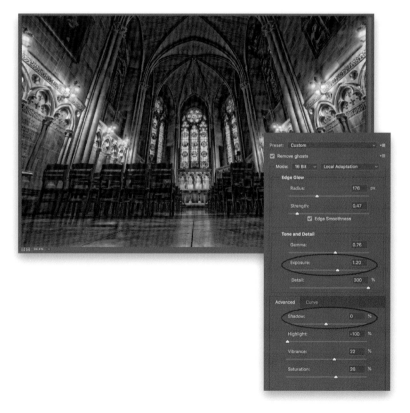

사진 전체를 밝게 만들기 위해 Exposure를 오른쪽으로 '1.20'까지 드래그했더니 훨씬 개선되었다. 이제 [Advanced] 탭에서 Shadows를 '0'으로 설정해서 천정 음영 영역을 약간 더 밝게 만든다.

[OK] 버튼을 클릭해서 톤 매핑한 사진을 포토샵에서 연다. 이제 HDR 사진에 약간의 현실감을 더해 보자.

STEP
**05**

잠시 라이트룸으로 돌아가 세 장의 브라케팅 사진들 중 적정 노출 사진을 클릭하고 [Ctrl] +[E](Mac: [⌘]+[E])를 눌러 복제 파일을 포토샵으로 불러온다.

[Ctrl]+[A](Mac: [⌘]+[A])를 눌러 사진 전체를 선택한 다음 사진을 톤 매핑한 HDR 사진에 붙이기 위해 [Ctrl]+[C]를 눌러 사진을 복사한다.

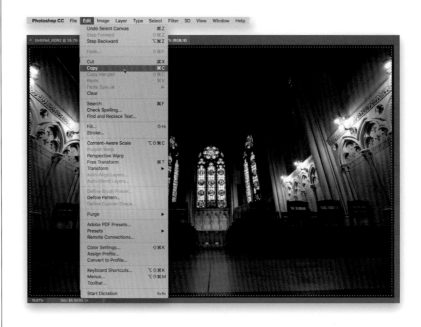

STEP
**06**

이제 HDR 파일로 전환하고 [Ctrl]+[V]를 눌러 적정 노출 사진을 HDR 사진에 붙인다. 적정 노출 사진은 별도의 레이어가 되어 Layers 패널에 나타나며, 아래 레이어에 있는 HDR 사진을 덮기 때문에 보이지 않는다.

**Note**

사진을 촬영할 때 삼각대를 사용한 경우에는 붙인 사진과 HDR 사진이 완벽하게 맞겠지만, 카메라를 손에 들고 촬영한 경우에는 그렇지 않을 수 있다. 이 문제는 포토샵에서 쉽게 수정할 수 있다. Layers 패널에서 [Ctrl]을 누른 채두 개의 레이어를 클릭하고 [Edit]-[Auto-Align Layers]를 실행한 다음 대화상자에서 [Auto] 버튼이 활성화되어 있는지 확인하고 [OK] 버튼을 클릭하면 두 개의 사진이 자동으로 맞춰진다.

이 과정을 완료하고 자르기 도구(⊞)로 사진의 가장자리에 생긴 여백을 잘라 정리해야 하는 경우도 있다.

- - - - - - - - - - - - - - - - - - - - - - - - -

Layers 패널 윗부분에서 적정 노출 사진 레이어의 Opacity를 '40%' 혹은 '50%' 정도로 낮춰 아래에 있는 HDR 사진이 비쳐 적정 노출 사진과 혼합되도록 설정한다. Opacity 설정을 낮출수록 HDR 사진이 더 선명하게 나타난다(예제의 경우에는 '50%'로 설정해 두 사진이 50%씩 혼합되도록 만들었다).

이와 같은 방법으로 석조와 천장 그리고 바닥 등의 디테일을 강화하면서도 과한 톤 매핑 사진처럼 보이지 않는 효과를 얻을 수 있다.

다음 단계는 사진 전체에 영향을 미치는 중요한 작업이다. 레이어 마스크를 추가해서 더 선명한 디테일이나 밝기가 필요한 영역을 드래그하는 것이다. 그러면 선택 영역의 HDR 효과가 더 강해진다. Step 07의 예제 사진을 보면 천정이 아직도 어두운 편이다. 사실 사진 아랫부분 1/3은 적정 노출로 보이지만 나머지 2/3는 너무 어둡고 더 선명한 디테일이 필요해 보인다. 이 문제를 해결하기 위해 Layers 패널 아랫부분에 있는 'Add a mask' 아이콘(◩)을 클릭하면 흰색 레이어 마스크 섬네일이 레이어에 추가된다.

브러시 도구(✏, B)를 선택하고 D, X를 눌러 전경색을 검은색으로 지정한다.

옵션바에서 Opacity를 '50%'로 설정하면 브러시를 사용할 때 50%의 HDR 효과만 나타난다. 예제의 경우에는 사진의 윗부분 2/3를 드래그해서 효과를 적용했다.

**Note**

브러시 크기는 단축키로도 조절할 수 있다. Ctrl + ]를 누르면 브러시가 확대되고 Ctrl + [를 누르면 브러시가 축소된다.

STEP
**09**

이제 마무리 작업만 남았다. 일부는 포토샵에서
실행하고 나머지는 라이트룸으로 전환해서 완
료할 것이다. 가장 먼저 병합 레이어를 만들어
야 한다. 병합 레이어는 Layers 패널 가장 위
에 병합한 사진처럼 만들어지는 레이어이다.
Ctrl + Alt + Shift + E (Mac: ⌘ + Option +
Shift + E )를 누르면 병합 레이어가 만들어진다.
이제 이 레이어에 높은 설정의 블러 효과를 적
용하여 사진에 부드러운 빛 효과를 만들어 거
친 느낌을 줄일 것이다.
**[Filter]-[Blur]-[Gaussian Blur]**를 실행하
고, [Gaussian Blur] 대화상자에서 Radius를
'50Pixles'로 설정한 다음 [OK] 버튼을 클릭
해 적용한다.

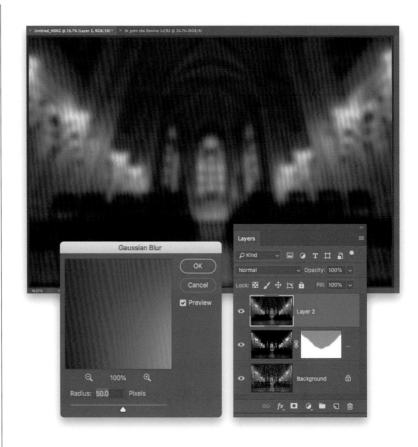

STEP
**10**

효과를 만들기 위해 다음 두 가지를 실행한다.
❶ Layers 패널에서 블렌드 모드를 'Soft Light'
　로 지정한다(Chapter 01에서 이미 레이어
　블렌드 모드를 알아보았다). 사진에 대비 효
　과와 따뜻함이 더해지고, 블러 효과가 제거
　된다.
❷ Opacity를 '50%' 정도로 낮춘다. 부드러운
　글로우 효과가 사진의 거친 질감을 감소시
　킨다.

**STEP 11**

포토샵에서 필자는 샤프닝 효과를 적용했다. 그리고 이 시점에 사진을 병합하거나 레이어를 유지하고 싶다면(추가 보정이 필요한 경우를 위해) 다른 병합 레이어를 만든다.
[Filter]-[Sharpen]-[Unsharp Mask]를 실행한다.
쨍한 샤프닝 효과를 추가하기 위해 Amount를 '120%', Radius를 '1.1Pixels', Threshold를 '3'으로 설정하고 [OK] 버튼을 클릭해서 적용한다.

**Tip**

Unsharp Mask는 이미지를 흐릿하게 만들 것 같지만, 사진을 선명하게 만들기 위해 사용한 전통적인 암실 기법을 따라 붙인 이름이다.

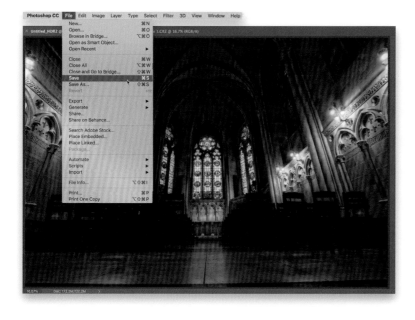

**STEP 12**

마무리 효과는 라이트룸에서 설정할 수 있으므로 파일을 저장하고 라이트룸으로 보낸다.
포토샵에서 작업을 완료하면 다른 설정은 필요하지 않다. 라이트룸으로 보내기 전에 사진을 병합할 필요도 없으며, 파일을 저장하고 닫으면 된다.

**STEP**
**13**

라이트룸으로 다시 불러온 예제 사진을 보니 천장을 반 스톱 정도 더 밝게 보정하면 좋을 것 같다. [Develop] 모듈 오른쪽에서 조절 브러시 (■, K)를 선택하고 'Effect'를 더블클릭하여 모든 설정을 '0'으로 초기화한다.

Exposure를 오른쪽으로 반 스톱 정도 드래 그한다(예제에서는 반 스톱보다 약간 더 밝은 '0.61'로 설정했다). 이제 천장이 있는 영역을 브러시로 드래그해서 밝게 보정한다. 또한 의자 뒷면도 드래그해서 밝게 보정했다.

**STEP**
**14**

지금쯤이면 사진이 약간 비뚤어져 있고, 그로 인해 오른쪽 아랫부분 모퉁이 타일 선이 곧지 않다는 점을 알아챘을 것이다. 그러므로 이 두 가지 문제점을 보정해 보자.

비뚤어진 사진을 보정하기 위해 [Develop] 모 듈의 Transform 패널에서 [Level] 버튼을 클 릭해서 자동 보정한다.

오버레이 자르기 도구(■, R)를 선택하고 오 른쪽 아랫부분 모서리에 있는 여백을 잘라낸다.

마지막 단계는 필자가 모든 HDR 사진에 적용하는 효과로 사진의 가장자리를 모두 약간 어둡게 만드는 것이다.

Post Crop Vignetting 항목의 Amount를 가장자리가 약간 어둡지만 확연한 비네트 효과처럼 보이지 않는 지점까지 왼쪽으로 드래그한다. 예제의 경우 '−16'까지 드래그했지만 효과는 충분했다. 패널 왼쪽 윗부분 스위치를 클릭하면 효과를 적용하기 전과 후의 차이를 비교할 수 있다.

이번 단계는 작업과 연관된 것은 아니지만 사진 두 장을 나란히 배치해서 차이를 보여주고 싶다. 왼쪽 사진은 라이트룸에 내장된 HDR 기능과 Auto Correction 기능을 적용한 결과이며, 원본 노출과 거의 차이가 없어 보인다. 오른쪽은 포토샵의 Merge to HDR Pro 기능을 사용해서 동일한 과정을 적용한 결과이다.

# 라이트룸보다
# 선명한 HDR 사진
# 만들기

포토샵에는 라이트룸에서 만드는 HDR 사진보다 훨씬 선명하고 정확한 색상의 HDR 사진을 만드는 비법이 있다. 바로 32비트 초고화질 HDR 사진을 만드는 것이다. 이 HDR 사진은 너무 선명해서 추가 샤프닝 보정이 필요하지 않을 수도 있다.

## STEP 01

라이트룸에서 [Ctrl]을 이용해 브라케팅 촬영한 사진을 일괄 선택한다(여기서는 세 장의 브라케팅 사진을 선택했다).
[Photo]-[Edit In]-[Merge to HDR Pro in Photoshop]을 실행하거나, 선택한 사진 중 하나를 마우스 오른쪽 버튼으로 클릭하고 메뉴를 실행하여 톤 매핑한 HDR 사진을 만든다.

## STEP 02

포토샵을 열고 [Merge to HDR Pro] 대화상자를 불러온다. 오른쪽 윗부분 Mode를 '32Bit'로 지정하면 모든 슬라이더는 숨겨지고 히스토그램으로 대체된다. 여기서는 톤 매핑 효과가 아닌 사실적인 HDR 사진을 만들 것이므로 설정을 변경하지 않을 것이다.
'32Bit'로 지정해 [OK] 버튼이 [Tone in ACR] 버튼으로 변환되면(ACR은 Adobe Camera Raw의 약자이다) 버튼을 클릭한다.

## STEP 03

[Camera Raw] 대화상자에서 화이트 밸런스를 보정하고, Exposure를 높이고, Contrast로 대비를 약간 높이고, Highlights를 낮추고, Shadows와 Whites, Blacks를 조절했다. 또한 Clarity 설정을 높여 디테일을 더 선명하게 보정하고, Vibrance 설정을 약간 높여 색채를 더 풍부하게 보정하는 등 사소한 보정 설정을 적용했다. 주요한 보정은 [Camera Raw] 대화상자에서 조절 브러시(■, K)로 천장 노출을 거의 1스톱 정도 밝게 보정했고, 프레임 아랫부분에 있는 바닥은 1스톱 정도 어둡게 보정했다. 제단의 하이라이트를 약간 어둡게 보정했다. 필자는 성당 내부 광원이 전체적인 균형을 이루도록 보정했지만 샤프닝 효과는 추가하지 않았다.

이제 [OK] 버튼을 클릭해서 사진을 포토샵으로 불러온다(포토샵으로 사진을 불러오면 16비트로 자동 변환된다).

라이트룸에서 처리한 HDR 사진

훨씬 더 선명한 포토샵 Merge to HDR Pro 32 비트 HDR 사진

## STEP 04

동일한 사진 세 장으로 라이트룸과 포토샵에 내장된 HDR 기능으로 만든 사진이다. 두 개의 사진을 나란히 배치하고 비교해 보면 오른쪽 사진이 훨씬 더 선명하고, 디테일이 풍부한 것을 알 수 있다.

왼쪽 예제 사진에서는 얼굴의 디테일이 거의 보이지 않지만, 오른쪽에서는 선명하게 보인다. 전체적으로도 오른쪽이 더 사실적인 HDR 사진이므로, 우수한 HDR 사진이 필요하다면 포토샵의 HDR 기능을 추천한다.

## Chapter 04

# 인물 사진 보정하기

## RE-TOUCH

이번 챕터 제목을 짓기 위해 아이튠즈 스토어 검색란에 'Retouch'를 입력하자 'Retouch'라는 이름의 곡뿐만 아니라 가수도 찾았다. 그래서 곡 대신 가수 이름을 챕터 제목으로 사용하기로 결정했다. 그 가수의 곡들을 몇 개 살펴보니 그가 음악인으로서 생활비를 충당하기에 충분한 소득이 있을 리 없다는 결론을 내렸다. 그래서 여기에서 그를 언급하면 힘을 줄 수 있지 않을까라는 생각을 했다.

이건 농담이지만 베이스 드럼을 좋아한다면 그의 곡들은 나쁘지 않다. 사실 베이스 드럼을 정말 좋아하고, 이상한 신시사이저 소리가 깔린 음악을 좋아한다면 그의 음악을 좋아할 것이다. 리터치의 곡들은 많은 아티스트들이 리믹스 곡으로 활용한다는 사실이 인상적이다. 필자는 그들이 누군지 전혀 모르지만 그것은 필자가 나이가 많은 데다 그 곡들은 아마도 패밀리 레스토랑 데니스에서 조식 할인 시간에만 틀어 줘서 필자가 들을 기회가 없기 때문일 것이다.

다시 현실로 잠시 돌아와 라이트룸에서도 간단한 보정 작업은 가능하지만, 더 복잡한 보정을 하려면 포토샵으로 전환해야 한다.

어도비는 광범위한 실태적 인구 통계를 기반으로 선택한 포커스 그룹을 대상으로 몇 가지 연구를 하여 포토샵을 사용하는 리터칭 전문가들이 소음 제거 헤드폰을 쓰고 이상한 신시사이저 음이 깔린 긴 베이스 드럼 곡을 들으면서 데니스에 앉아 있는 상상을 하면 생산성이 향상될 뿐만 아니라 훨씬 탁월한 리터칭 결과를 얻는다는 결과를 얻었다. 필자가 만든 이야기가 절대 아니다.

구글 검색을 해 보면 진실이라는 것을 확인할 수 있다.

# 간단한 얼굴 윤곽 보정하기

흔히 말하는 '포토샵 마법'을 여러분들이 직접 경험해 볼 시간이 왔다. 브러시를 사용해서 피사체 일부를 찐득한 액체처럼 움직이는 Liquify 필터는 오랫동안 포토샵에 있어 왔다. 이 필터는 이미 매우 유용한 보정 기능이지만, 어도비는 최근에 안면 인식 기능을 추가해 이전에는 미세한 조절이 필요했던 과정을 드래그 한 번으로 간단하게 할 수 있다.

**STEP 01**

라이트룸에서 보정할 사진을 선택하고 Ctrl +E(Mac: ⌘+E)를 눌러 포토샵으로 불러온다(예제 사진의 인물은 실제로 얼굴 보정이 특별히 필요하지 않지만, 여러분에게 보정 방법을 보여주기 위해 선택했다). [Filter]-[Liquify](Ctrl+Shift+X)를 실행한다.

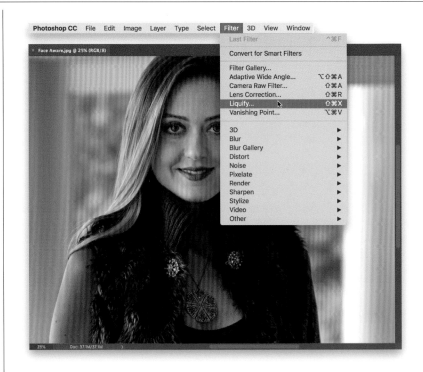

**STEP 02**

[Liquify] 대화상자에는 왼쪽에는 도구가, 오른쪽에는 옵션 슬라이더가 배치되어 있다. 앞에서 언급한 대로 이 필터는 안면 인식 기능을 사용해 Face-Aware Liquify 항목 슬라이더로 보정할 영역을 자동 설정한다. 보정 방법은 보정을 원하는 영역에 해당하는 슬라이더를 왼쪽으로 드래그해서 축소하거나 오른쪽으로 드래그해서 확장하면 된다.
예제 사진의 경우에는 아랫부분 근처 Face Shape 영역에 있는 Face Width를 왼쪽으로 드래그해서 얼굴 너비를 축소했다.

**Tip**

**단체 사진 보정 방법**

보정하는 사진에 인물이 한 명 이상 있는 경우에는 Liquify 기능이 사진 속 인물들을 자동 인식하며, Face-Aware Liquify 항목 윗부분의 Select Face에서 보정할 인물 얼굴을 선택할 수 있다. 자동 인식된 얼굴들은 'Face #1', 'Face #2'와 같은 형식으로 나열된다.

## STEP 03

이 기능의 가장 놀라운 점은 모든 움직임, 축소, 확대를 굉장히 자연스럽게 보정한다는 것이다. 시험 삼아 다른 슬라이더 몇 개를 드래그해 보면 무슨 의미인지 이해할 것이다.

예제에서는 Face Shape 항목에서 아래턱 윤곽을 보정하는 Jawline을 왼쪽으로 드래그했다(필자가 좋아하는 기능이다). 또한 턱을 약간 올리고, 이마는 약간 내렸다(흔히 한 영역을 보정하면 이전에는 눈에 띄지 않았던 영역이 갑자기 부각되어 보인다). 그리고 Nose 항목에서 코 너비를 약간 좁게 보정했다.

## STEP 04

Mouth 항목 Smile은 사진은 마음에 들지만 인물이 미소를 짓지 않았거나 더 큰 미소를 원하는 경우 유용하다. 예제 사진에서는 Smile과 Mouth Width를 오른쪽으로 드래그하고 윗입술을 보정했다.

이 기능은 결과가 마음에 들지 않으면 설정을 다시 '0'으로 되돌릴 수 있어서 편리하다.

보정 전

보정 후

# 안면 비대칭 보정하기

사진 속 얼굴이 비대칭인 경우는 자주 있다(한쪽 눈이 더 높거나, 코가 휘었거나, 미소를 지은 입의 한쪽이 더 올라가 있는 등). 포토샵에서는 이와 같은 비대칭을 몇 가지 도구로 간단하게 보정할 수 있으며, 몇 가지 기법은 여러분이 이미 알고 있는 것들이다(이번에는 도움이 되는 새로운 도구를 배울 것이다).

예제 사진의 인물은 두 눈의 높이가 다르다. 이러한 문제는 쉽게 보정할 수 있다.

올가미 도구(◯, ⌐)로 눈썹을 포함한 오른쪽 눈의 여백을 넉넉하게 하여 선택한다.

이 시점에서 선택 영역을 이동한다면, 선명한 경계선 때문에 보정 흔적이 나타날 것이므로 경계선을 부드럽게 만들어야 한다. [Select]-[Modify]-[Feather](Shift + F6)를 실행한다. Feather Radius를 '10pixels'로 설정하고 [OK] 버튼을 클릭하여 경계선을 부드럽게 만든다.

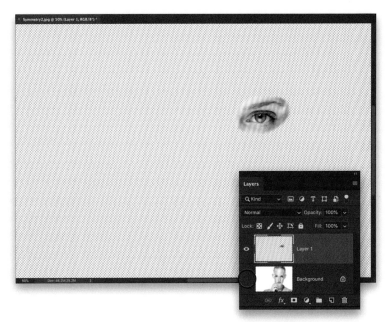

### STEP 03

Ctrl + J (Mac: ⌘ + J)를 눌러 선택 영역을 복제해 별도의 레이어로 만든다.

그림에서는 눈 영역의 경계가 부드러운지 잘 보이도록 'Background' 레이어의 눈 아이콘(👁)을 비활성화하여 숨겼다(격자무늬는 해당 레이어에서 투명한 영역을 표시한다).

레이어를 활성화하여 다시 표시한다.

### STEP 04

이동 도구(✥, V)를 선택하고 ↑를 반복해서 눌러 반대쪽 눈 높이와 맞춘다. 예제의 경우 열두 번을 눌렀다. 아래에서 보정 전후 사진을 비교해 보면 차이를 바로 느낄 수 있다. 다음 페이지에서는 다른 기법을 사용해서 동일한 인물 입의 대칭을 맞출 것이다.

보정 전

보정 후

**STEP**
**05**

입술이 조금 더 대칭을 이루도록 보정해 보자. 입이 있는 영역을 줌 인(Ctrl + +)해서 보면, 양쪽 입술이 대칭을 이루고 있지 않다. 이것은 쉽게 보정할 수 있다.

'Background' 레이어를 클릭해서 활성화하고 사각형 선택 도구(▣, M)를 선택한 다음 그림과 같이 입술 중간 지점부터 드래그하여 선택 영역을 지정한다.

Ctrl + J를 눌러 선택 영역을 복제해 별도의 레이어로 만든다.

Layers 패널에서 레이어 이름을 재설정했다 (레이어 이름을 더블클릭하면 새 이름을 입력할 수 있다).

**STEP**
**06**

Ctrl + T를 눌러 자유 변형을 할 수 있도록 만든다. 선택 영역 둘레에 조절점이 나타나면 기능이 활성화된 것을 알 수 있다.

변형 상자 안쪽을 마우스 오른쪽 버튼으로 클릭하고 [Flip Horizontal]을 실행하여 그림과 같이 수평으로 뒤집는다.

변형 상자 안쪽에 마우스 포인터를 올리고 왼쪽 입술에 맞추어 드래그한다. 임의로 상자 바깥쪽을 클릭하여 변형을 마친다.
수평으로 뒤집은 영역의 가장자리를 살펴보면 입술 주변의 피부가 선택 영역 주변 피부보다 약간 밝다. 가장자리의 피부 밝기를 보정해 보자.

**STEP 08**

Layers 패널에서 아랫부분에 있는 'Add a mask' 아이콘(◻)을 클릭하면 입술 레이어 오른쪽에 새 섬네일이 추가된다. 바로 레이어 마스크를 추가했다는 의미이며, 브러시 도구로 보일 영역과 숨길 영역을 설정할 수 있다(지우개와 같은 역할이지만 수정이 가능하다).
브러시 도구(✏, B)를 선택하고 옵션바에서 경계가 부드러운 브러시를 선택한다. X를 눌러 전경색을 '검은색'으로 지정하고 원본과 부드럽게 혼합될 수 있도록 수평으로 뒤집은 입술 레이어의 둘레를 드래그한다. 마지막으로, 입술 가운데 있는 경계면도 수식으로 느래ㄱ해서 대칭 보정을 완료한다. 아래에서 보정 전후 사진을 비교해 보자.

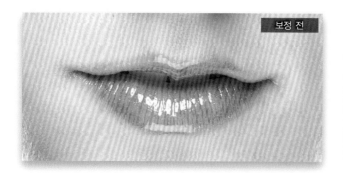

보정 전

보정 후

# 눈썹 정리하기

이번 보정은 사진 일부 영역을 다른 영역으로 대체하는 방법이다. 물론 라이트룸에서는 불가능한 보정 기법이지만 포토샵은 이러한 보정을 위해 만들어진 프로그램이다. 이 기법은 매우 빠르지만 매번 인물이 완벽한 눈썹을 가질 수 있도록 만들어 준다.

**STEP 01**

사진을 포토샵으로 불러온 다음 올가미 도구(◌, ⌐)로 눈썹 형태 선택 영역을 만든다. 다음 단계의 예제 사진과 같이 원래 눈썹이 있는 위치 윗부분에 선택 영역을 설정한다.

**STEP 02**

선택 영역의 경계를 부드럽게 만들기 위해 [Select]-[Modify]-[Feather]([Shift]+[F6])를 실행하고 Feather Radius를 '10pixels'로 설정한 다음 [OK] 버튼을 클릭해 효과를 적용한다.

STEP
**03**

Ctrl + J (Mac: ⌘ + J)를 눌러 경계를 부드 럽게 만든 선택 영역을 별도의 레이어로 만든 다. 그림은 앞에서 설정한 선택 영역만 보이도 록 'Background' 레이어를 숨긴 상태이다.

이동 도구(✛, V)를 선택하여 선택 영역을 클 릭하고 눈썹 바로 위까지 드래그한다.

'Background' 레이어를 선택하고 동일한 방 법으로 반대편 눈썹도 정리한다. 아래에서 보정 전후 사진을 비교해 보자.

보정 전

보정 후

# 눈 핏줄
## 제거하기

라이트룸에서도 스팟 제거 도구로 눈 핏줄을 어느 정도 제거할 수는 있다. 그러나 여러분이 직접 시도해 봤다면, 제거가 까다로울 뿐만 아니라 결과도 만족스럽지 않다는 것을 알게 될 것이다. 바로 그 이유 때문에 이와 같은 보정은 항상 포토샵에서 실행한다. 라이트룸에서 눈 핏줄을 보정하는 경우는 단 한 개의 붉은색 혈관만 보이는 경우지만, 사실 그런 경우는 극히 드물기 때문에 이 기법을 알아두면 도움이 될 것이다.

포토샵에서 보정할 예제 사진은 보정 영역을 확실히 보기 위해 100%로 확대하는 것이 좋다. 돋보기 도구(🔍, Z)로 오른쪽 눈을 확대한 다음 Layers 패널에서 'Create a new layer' 아이콘(🔲)을 클릭해서 새 레이어를 만든다. 이번 보정은 빈 레이어에서 실행한 다음 보정 영역에 질감을 추가하는 필터를 적용해 부자연스러워 보이지 않도록 할 것이다.

브러시 도구(✏️, B)를 선택한 다음 Alt (Mac: Option)를 누른 채 스포이드 도구로 임시 변환한다. 스포이드를 이용해 사진에서 클릭한 부분의 색을 전경색으로 지정할 수 있다.

예제의 경우에는 제거하려는 혈관과 매우 근접한 지점을 선택하기 위해 혈관 아래쪽을 클릭하자 예제와 같이 원형이 나타났다. 원형 윗부분이 샘플로 선택한 색이며 아랫부분이 선택하기 전 색상이다.

주변 색으로부터 영향을 받지 않고 색상을 판단할 수 있도록 원형 외부는 회색이다.

…

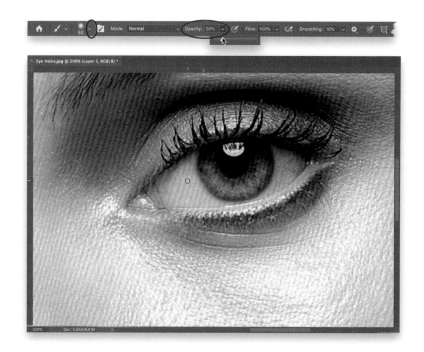

**STEP 03**

Alt 를 놓고 다시 브러시 도구로 전환한다. 옵션바에서 Opacity를 '20%'로 설정해 불투명도를 낮춘 다음 제거하려는 혈관보다 약간 크고 부드러운 경계를 가진 브러시를 선택한다(브러시 섬네일 오른쪽에 있는 아래를 향한 화살표를 클릭한 다음 Brush Picker에서 선택한다).

혈관을 몇 번 드래그해서 제거한다. 불투명도를 낮추었기 때문에 여러 번 드래그하면서 효과의 강도를 조절할 수 있다. 눈동자가 원형이므로 다른 영역에 있는 혈관을 제거할 때마다 Alt 를 이용해 샘플 영역을 재설정해야 한다.

예제의 경우 보정하는 동안 10번에서 12번 정도 샘플 영역을 재설정했다.

**STEP 04**

마지막으로, 보정한 다음 흰자위가 부자연스러워 보이지 않도록 보정 레이어에 약간의 노이즈를 추가해 보자.

**[Filter]-[Noise]-[Add Noise]**를 실행한다. Amount를 '1%', Distribution을 'Uniform'으로 지정하고 'Monochromatic'에 체크 표시한 다음 [OK] 버튼을 클릭해서 흰자에 약간의 질감을 추가한다. 효과는 미약해도 큰 차이를 느낄 수 있다.

# 울긋불긋한 피부 보정하기

얼룩이나 잡티를 제거하는 라이트룸의 스팟 제거 도구도 탁월하지만, 포토샵의 힐링 브러시 도구나 패치 도구에 비하면 한참 뒤떨어진다. 몇 번만 사용해 보면 그 차이를 실감하고, 포토샵으로 전환해서 보정해야 하는 이유를 이해할 수 있을 것이다(Chapter 08에서 더 알아보겠지만 두 기능은 단순한 보정 도구 이상의 역할을 한다).

**STEP 01**

포토샵에서 보정할 사진을 불러온다. 이마, 뺨, 목에 있는 붉은 반점들을 제거하려고 한다. 이러한 보정에 사용하는 도구는 세 가지인데, 보정하려는 요소와 위치에 따라 적절한 도구를 선택하면 된다.

스팟 복구 브러시 도구(▨)를 선택하고 [, ]를 사용해 브러시 크기를 반점 크기보다 약간 크게 설정한 다음 반점을 클릭한다.

이 방법은 가장 사용이 쉬운 반면 정확성이 떨어진다. 스팟 복구 브러시 도구가 적합하지 않은 샘플 영역을 선택하는 경우가 자주 있기 때문이다.

**STEP 02**

복구 브러시 도구(▨)를 선택한다. 복구 브러시 도구는 사용자가 샘플 영역을 설정하는 방식으로, 보정 영역과 근접한 영역을 샘플 영역으로 선택하면 훨씬 나은 결과를 얻을 수 있다.

보정 영역 근처의 깨끗한 피부에 마우스 포인터를 놓고 Alt (Mac: Option)를 누른 채 한 번 클릭해서 샘플 영역을 설정한다.

마우스 포인터를 제거할 반점으로 이동시키고 브러시 크기를 반점보다 약간 크게 설정한 다음 한 번 클릭한다(브러시 도구지만 드래그하지 않고 한 번만 클릭한다).

**Note** - - - - - - - - - - - - - - - - - - - - - - - - -

가운데 예제 사진을 보면 보정을 적용한 미리보기 이미지가 원형 브러시 마우스 포인터 안쪽에 나타나지만 아직 설정을 적용한 상태는 아니다. 설정은 클릭할 때 적용된다.

- - - - - - - - - - - - - - - - - - - - - - - - - - - - -

근접한 주변 영역을 Alt 를 누른 채 클릭한다. 제거할 반점을 클릭한다. 반점이 제거된다.

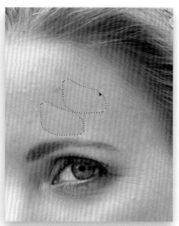

세 번째 소개할 도구는 패치 도구()이다. 일반적으로 넓은 영역의 반점이나 흉터를 제거할 때 사용하거나, 근접한 많은 반점들을 한 번에 제거하기 위해 사용한다.

이 도구는 올가미 도구처럼 드래그해서 제거할 영역을 선택하고 선택 영역 내부를 클릭한 다음 근처의 깨끗한 피부가 있는 영역으로 드래그해서 샘플 영역을 설정한다.

제거할 선택 영역 안쪽에 미리 보기 이미지가 나타난다. 결과가 마음에 든다면, 마우스 버튼을 놓아서 설정을 적용해서 반점을 제거한다.

마지막은 사진 안 요소를 완전히 제거하지 않고 희미하게 만들고 싶은 경우에 사용하는 방법이다.

일단 앞에서 배운 방법대로 제거한 다음 곧바로 [Edit]-[Fade [도구 이름]]( Shift + Ctrl + F )을 실행한다.

[Fade] 대화상자에서 Opacity를 조절하여 제거한 부분이 약간 나타나도록 설정할 수 있다 (그림에서는 입술 위에 있는 작은 반점을 표시하였다).

보정 전

보정 후

인물 사진 보정하기 / **Chapter 04**    81

# 매끄러운 피부 만들기

라이트룸에서 피부를 부드럽게 만들면 피부 질감까지 제거해 마치 플라스틱처럼 보이게 만든다. 피부 질감은 유지하면서 부드럽게 표현하기 위해서 포토샵으로 전환이 필요하다. 우리가 여기에서 사용할 '빈도 분리'라고 부르는 기법은 중요한 피부 디테일을 보존하면서 불균등하고 울긋불긋한 다수의 문제점들을 보정하기 적합하다.

## STEP 01

라이트룸에서 보정할 사진을 선택하고 [Ctrl] +[E](Mac: [⌘]+[E])를 눌러 포토샵으로 불러온다.

피부를 보정하기 전에 항상 확연히 드러난 반점을 제거한다. 라이트룸에서 포토샵으로 불러오기 전에 스팟 제거 도구(◯, [Q])로 미리 보정하거나 포토샵의 스팟 복구 브러시 도구(◈, [J])로 보정해도 된다(자세한 방법은 80쪽 참고).

[[], []]를 이용해 브러시를 제거하려는 반점보다 약간 크게 설정하고 반점을 한 번 클릭한다 (라이트룸과 포토샵 둘 다 같은 방법으로 제거한다).

다음은 [Ctrl]+[J]를 두 번 눌러 'Background' 레이어를 두 번 복제한다.

## STEP 02

지금은 중간에 있는 'Layer 1'을 가지고 작업할 것이므로 가장 위에 있는 레이어 섬네일 왼쪽에 있는 눈 아이콘(◉)을 클릭해서 레이어를 숨긴다. 'Layer 1'을 클릭해서 활성화하고 [Filter] −[Blur]−[Gaussian Blur]를 실행한다.

피부가 흐릿해져서 모든 피부 톤이 혼합된 것처럼 보일 때까지 Radius를 높인다.

필자의 30메가픽셀 카메라로 촬영한 사진의 경우, 대략 '7Pixels' 정도로 설정하지만 그보다 높은 해상도의 카메라를 사용한다면, '8~9Pixels' 정도로 설정한다. 높은 해상도의 카메라로 촬영한 사진일수록 설정이 높아진다. 이제 [OK] 버튼을 클릭하면 중간 레이어 작업이 완료된다.

STEP
03

Layers 패널에서 맨 위의 레이어를 클릭해서 활성화하고 섬네일 왼쪽 눈 아이콘을 활성화하여 다시 보이도록 설정한다. **[Image]-[Apply Image]**를 실행한다.

[Apply Image] 대화상자에서 몇 가지 설정을 입력해야 한다. 필자가 이 기법을 정확히 이해하고 있다면 자세히 설명하겠지만, 필자가 알고 있는 점은 이 설정이 효과가 있다는 것이다. Layer를 'Layer 1', Blending을 'Subtract', Offset을 '128'로 지정한 다음 [OK] 버튼을 클릭하면, 그림과 같이 레이어가 회색이 되고 인물이 흐릿하게 나타난다.

STEP
04

블렌드 모드를 'Linear Light'로 지정한다. 이 시점에서는 변화가 없어 보인다. 그래도 걱정하지 않아도 된다. 잠시 후 훨씬 흥미로운 일이 생길 것이다.

**STEP 05**

보정 작업은 가운데 레이어에서 실행할 것이므로 Layers 패널에서 가운데 레이어를 선택한다. 본격적인 피부 보정을 시작해 보자.

올가미 도구(⬭, ⒧)를 선택하고 인물 얼굴에서 거친 피부가 있는 영역을 드래그해서 선택한다. 선택 영역은 예제 사진과 같이 턱 전체나 뺨 등과 같이 넓은 부위가 될 수도 있다.

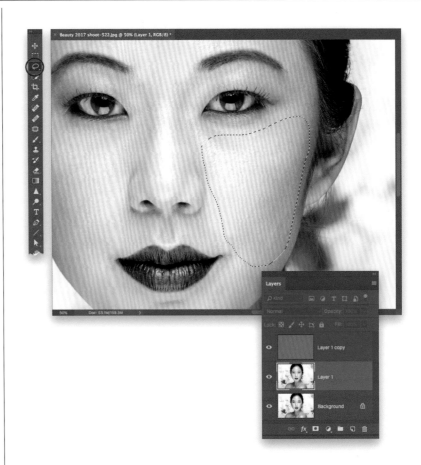

**STEP 06**

선택 영역을 설정한 다음에는 우리가 흔히 실행하는 일반적인 보정 과정을 실행한다. 바로 선택 영역 둘레를 부드럽게 만드는 것이다.

만약 이 과정 없이 바로 보정 설정을 적용한다면 선명한 경계가 나타나 좋은 결과를 얻을 수 없다. 보정 영역과 주변 피부가 부드럽게 조화를 이루도록 만들어야 한다. [Select]-[Modify]-[Feather]를 실행하고 Feather Radius를 '15pixels' 정도로 설정한다. 설정이 높을수록 경계가 부드러워진다. 그리고 다시 강조하지만 52메가픽셀 카메라나 그와 동급의 카메라로 촬영했다면, 20pixels 정도가 적절하다.

[OK] 버튼을 클릭하여 선택 영역 둘레를 부드럽게 만든다.

선택 영역에 Gaussian Blur 효과를 적용해 보 겠다. **[Filter]-[Blur]-[Gaussian Blur]**를 실행한다.

필자의 경우 Radius를 '24Pixels'로 설정했 다. 높은 메가픽셀 카메라로 촬영한 사진일수록 설정을 높여야 하므로 32픽셀로 설정해 보고 결정하기를 추천한다.

블러 효과를 적용하면 피부를 질감을 유지하면 서도 매끄럽게 표현할 수 있다.

다음과 같은 방법으로 얼굴, 팔, 가슴을 보정하자.

❶ 올가미 도구(🔲)로 다른 영역의 피부를 선택 한다.

❷ Feather Radius를 '15pixels' 정도로 설 정한다.

❸ Gaussian Blur의 Radius를 '24Pixels' 정도로 설정한다.

[Ctrl]+[D]를 눌러 선택을 해제한 다음 추가로 보정이 필요한 부분을 동일하게 보정한다. 보정 전후 사진을 비교해 보자.

보정 전

보정 후

# Liquify 도구로 신체 보정하기

Liquify 필터에는 앞에서 알아보았던 안면 인식 슬라이더들 외에도 멋진 기능들이 더 있다. Forward Warp 도구는 이름과 달리 유용하고 사용법도 쉽다. 이 도구는 피사체가 마치 진한 액체인 것처럼 마음대로 움직일 수 있다. 다음과 같은 방법으로 도구를 사용하면 효율적으로 흔적을 남기지 않는 보정을 할 수 있다.

(1) 움직이려는 요소보다 브러시를 약간 크게 설정한다.

(2) 큰 붓놀림이 아닌 살짝 민다는 느낌으로 천천히 드래그한다.

예제의 인물은 오른쪽 어깨에 작은 뼈가 튀어나와 있는데, 포토샵의 Liquify 필터를 사용해 10초 만에 보정할 수 있다. **[Filter]-[Liquify]** (Shift + Ctrl + X)를 실행한다.

[Liquify] 대화상자에서 Forward Warp 도구 (🖐, W)를 선택한다. 이 도구로 예제 사진 속 인물 어깨에 튀어나온 뼈를 제거해 보자. ⎡. ⎤를 사용해서 브러시를 튀어나온 뼈보다 약간 크게 설정한다.

## STEP 03

Forward Warp 도구 브러시로 그림과 같이 튀어나온 부분을 밀어서 보정한다. 모든 과정은 10초 정도밖에 걸리지 않는다. 결과가 마음에 들지 않는다면, Ctrl + Z(Mac: ⌘ + Z)를 눌러 설정을 취소하고 다시 시도한다. 브러시로 살며시 밀어야 최상의 결과를 얻을 수 있다.

### Tip

**움직임 방지 영역 설정하기**

귀 전체나 얼굴 반쪽 혹은 허리 등 넓은 영역을 Forward Warp 도구로 보정하는 경우에는 눈이나 뺨 또는 코와 같이 변형을 원하지 않는 영역에도 영향을 미칠 위험이 있다. Freeze Mask 도구(⬚, F)를 사용하면 변형 방지 영역을 설정할 수 있다. 단순히 드래그해서 영역을 선택하면 선택 영역은 빨간색으로 표시된다.

Thaw Mask 도구(⬚, D)를 선택한 다음 빨간색 선택 영역을 드래그해서 선택을 해제할 수 있다.

## STEP 04

어깨뼈 보정을 마친 다음 팔과 블라우스가 닿은 부분도 약간 보정했다.

# 아름다운 치아 만들기

웃는 인물 사진을 촬영한 경우, 필자는 항상 치아가 고른지, 치아 사이에 간격이 있는지 확인한다. 양쪽 치아가 균형이 맞지 않거나 너무 뾰족한 치아 혹은 시선을 빼앗는 어떤 요소든지 보정한다. 치아 보정에는 Liquify 필터를 사용한다. 각 치아를 원하는 방향이나 형태로 보정할 수 있기 때문이다. 그저 원하는 방향으로 밀고 당기면 된다.

포토샵에서 보정할 사진을 불러온다. 우선 무엇을 보정해야 하는지 평가해 보자.

왼쪽 앞니 오른쪽 아랫부분에 작은 패임이 있다. 왼쪽에서 두 번째 치아도 마찬가지이다. 오른쪽 앞니는 아랫부분에 약간 벌어짐이 있다. 필자라면 몇 개의 치아를 평평하게 만들고 전반적으로 치아를 고르게 보정할 것이다. 사실 인물의 치아는 고른 편인데, 이 사진에서는 실제보다 고르지 않게 나타난다.

[Filter]-[Liquify](Shift+Ctrl+X)를 실행한다.

[Liquify] 대화상자에서 오른쪽 슬라이더 영역은 사용하지 않고 브러시만 사용할 것이므로 오른쪽 슬라이더 영역을 숨기고 Tools 패널만 보이게 만들었다.

Ctrl+[+](Mac: ⌘+[+])를 몇 번 눌러 사진을 줌 인해서 확대한다. 여기서는 200% 확대했다. Forward Warp 도구(🖐, W)를 선택한다. 치아 보정의 핵심은 큰 브러시로 한두 번 드래그하는 것이 아니라 미세한 움직임을 여러 번 적용하는 것이다. 왼쪽 앞니부터 보정해 보자.

[, ]를 이용해 브러시 크기를 파인 형태보다 약간 크게 설정한 다음, 파인 부분보다 약간 위에서 아래쪽으로 살짝 밀어서 빈 부분을 채워 치아 아랫부분을 균등하게 맞춘다.

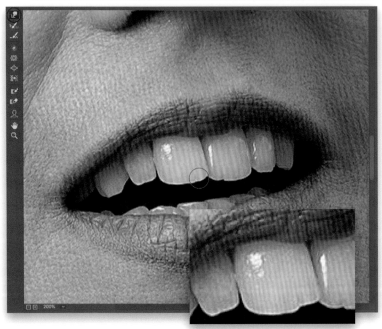

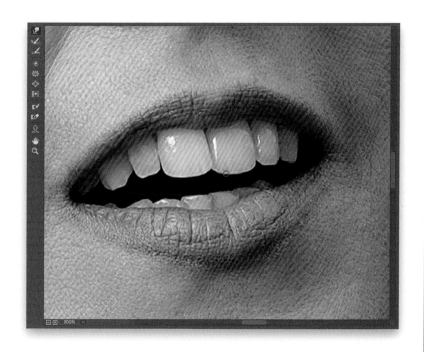

**STEP 03**

이번에는 오른쪽 앞니를 보정해 보자. 오른쪽 앞니에는 왼쪽 아랫부분에 아주 작은 패임이 있을 뿐이므로 예제와 같이 브러시 크기를 더 축소하고 패인 부분 바로 위를 클릭한 다음 미세한 여러 번의 드래그로 채운다.

다음은 왼쪽에서 두 번째 치아에 있는 패임을 동일한 방법으로 보정한다. 브러시 크기를 재설정하고, 패인 부분 바로 위를 클릭한 다음 아래로 드래그해서 채운다.

만족스러운 결과를 얻지 못한다면 브러시를 너무 크게 설정했기 때문이다.

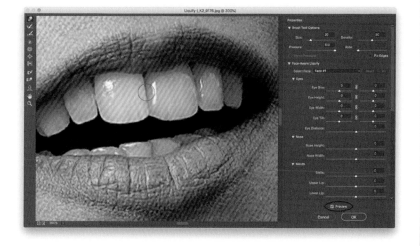

**STEP 04**

이러한 기본 과정으로 각 치아를 보정한다. 치아를 더 길게 만들고 싶다면, 치아 아랫부분 내부를 클릭하고 아래로 드래그한다.

그림에서 두 개의 앞니를 살펴보면, 왼쪽 치아가 오른쪽 치아와 약간 겹쳐있으므로 왼쪽 치아의 오른쪽 가장자리를 왼쪽으로 살짝 밀어서 보정한다.

만약 치과 의사가 본다면 필자가 보정한 치아 모습에 동의하지 않을 수도 있지만, 사진 속 치아는 음식 섭취에 사용하지 않을 것이므로 괜찮다.

아랫부분 'Preview'에 체크 표시를 끄고 켜는 것을 통해 보정 전후를 빠르게 볼 수 있다.

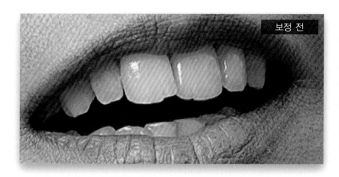

보정 전

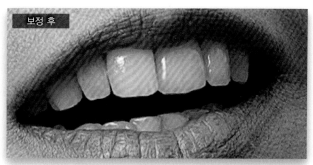

보정 후

# 턱과 턱밑 살 축소하기

턱 보정은 일반적으로 두 명 이상 인물이 있는 사진에서 한 명을 더 날씬하게 보정하는 경우에 사용하기도 하고, 도저히 보정할 수 없다고 생각되는 경우에 사용할 수 있는 기법 중 하나이다.

이 방법은 짧은 시간에 탁월한 결과를 얻을 수 있다.

**STEP 01**

라이트룸에서 보정할 사진을 클릭하고 [Ctrl] +[E](Mac: [⌘]+[E])를 눌러 포토샵으로 불러온다. 예제 사진에서는 턱과 턱밑 살을 보정할 것이다.

**STEP 02**

올가미 도구([🔾])로 보정하려는 턱밑살이 있는 영역을 예제와 같이 여유롭게 선택한다(여기서는 선택하는 영역을 더 확실하게 보기 위해 사진을 약간 줌 인했다).

이때, 턱까지 선택하면 함께 축소되므로 턱을 선택하지 않도록 주의한다. 만약 턱까지 축소해야 한다면 선택 영역에 포함해도 되지만, 예제 사진의 경우에는 인물의 턱이 얼굴과 균형이 맞는다.

선택을 마치고 보정한 흔적이 나타나지 않도록 경계를 부드럽게 만들기 위해 [Select]-[Modify] -[Feather]([Shift]+[F6])를 실행한다. Feather Radius를 '10pixels'로 설정하고 [OK] 버튼을 클릭한다.

[Filter]-[Distort]-[Pinch]를 실행한다. Amount 를 턱밑 살을 축소하면서도 과도하게 축소되지 않는 지점까지 드래그한다. 예제의 경우 '58%' 로 설정했다.

유감스럽게도 이 기능은 미리 보기 창이 작아 서 미리 보기 창을 드래그하여 적용 결과를 확 인해야 한다. [OK] 버튼을 클릭하면 필터 효과 가 적용된다.

아랫부분에서 보정 전후 사진을 비교해 보자. 한 번의 필터 적용으로 부족하다면 Ctrl + Alt + F 를 눌러 동일한 설정을 추가 적용할 수 있 다. 보정을 마치고 Ctrl + D 를 눌러 선택을 해 제한다.

보정 전

보정 후

# Puppet Warp로 신체 위치 조절하기

Puppet Warp는 신체의 위치 조절이 필요할 때 사용한다. 머리나 어깨와 같은 큰 부위, 손이나 손가락과 같은 작은 부위 등 크기에 상관없이 모든 신체의 위치를 조절할 수 있다. 탁월한 결과를 얻을 수 있는 훌륭한 기능임에도 불구하고 많이 사용되지 않는다. 그러나 한두 번 사용해 보면 이 도구가 얼마나 강력한 보정 무기가 될 수 있는지 느낄 것이다. 여기에서는 왼쪽으로 기울어진 머리를 세우는 방법을 알아볼 것이다.

**STEP 01**

피사체를 선택해 별도의 레이어로 만든다. 예제에서는 빠른 선택 도구(🖌, W)를 선택하고 옵션바에서 [Select Subject] 버튼을 클릭해서 기본 선택 영역을 설정했다.
[Select and Mask] 버튼을 클릭하고 리파인 에지 브러시 도구(🖌, R)로 머리카락 경계 부분을 드래그한다. 선택을 완료하고 별도의 레이어로 만든다. 별도의 피사체 레이어를 만들었으므로 스탬프 도구(🖌, S)를 사용해 'Background' 레이어에서 배경을 Alt 를 누른 채 클릭해서 샘플 영역을 설정하고 피사체를 드래그해서 제거한다. 예제는 상반신만 보정할 것이기 때문에 상반신만 드래그했다.

**Note** - - - - - - - - - - - - - - -

[Select Subject] 버튼은 포토샵 CC 2018 이상에서 사용할 수 있다. 세밀한 영역을 선택하는 자세한 방법은 Chapter 05에서 알아볼 것이다.

- - - - - - - - - - - - - - - - - - - -

**STEP 02**

[Edit]-[Puppet Warp]를 실행하면 사진에 그물망이 표시된다. 이 그물망은 피사체의 경계를 따라 만들어지는데, 일부분에 울퉁불퉁한 경계가 생기는 경우에는 옵션바에서 Expansion을 '20~25px' 정도로 높이면, 그물망 바깥 경계선이 확장되어 공간에 여유가 생긴다. 작은 요소를 보정하는 경우 Density를 'More Points'로 지정해서 그물망을 좀 더 촘촘하게 만든다. 큰 피사체를 보정하는 경우에는 더 느슨한 그물망과 적은 조절점을 사용하는 'Fewer Points'로 지정한다.

**STEP 03**

다음은 이동을 원하지 않는 영역에 고정 포인트를 추가한다. 드레스 왼쪽부터 클릭해서 점차 위로 올라가면서 왼쪽 팔꿈치, 어깨 근처, 목 아랫부분, 그리고 이마도 클릭해서 포인트를 추가한다(머리를 세우는 데 사용할 것이다).

그리고 오른쪽 어깨 근처, 팔뚝 바깥쪽, 드레스 오른쪽을 클릭해서 고정 포인트를 추가한다(옆의 예제 사진에 고정 포인트를 추가한 위치를 빨간색 원으로 표시했다). 여기서는 이마의 포인트만 이동하겠지만, 어느 포인트든지 클릭해서 이동할 수 있다. 건드리지 않고 그대로 두면 움직임을 방지하는 고정 포인트 역할을 한다.

한 영역을 이동하면 근접한 영역까지 함께 이동하기 때문에 이동 영역에 근접한 영역의 이동을 원하지 않는다면, 클릭해서 포인트를 추가해 이동을 방지한다.

**STEP 04**

필자는 고정 포인트를 추가하고 보정 과정을 확실하게 보기 위해 Ctrl + H를 눌러 그물망을 숨긴다. 그러면 사진에 고정 포인트만 남아 더 깔끔한 환경에서 보정을 할 수 있다.

이제 이마에 있는 포인트를 클릭하고 오른쪽으로 약간 드래그해서 머리를 세운다. 머리의 주변 영역도 자연스럽게 이동해서 만족스러운 결과를 얻었다.

**Tip**

**핀 제거하기**

추가한 핀을 제거하려면 Alt 를 누른 채 마우스 포인터를 제거하려는 핀에 놓아 가위 아이콘으로 전환한 후 핀을 클릭한다.

**STEP 05**

변형을 완료하고 [Enter]를 눌러 적용한다. 보정 전후의 사진을 비교해 보자. 이제 더 능수한 Puppet Warp 사용을 위해 다른 예제 사진을 변형해 보자.

보정 전

보정 후

왼쪽으로 기울어진 인물 머리　　　　자연스럽게 세워진 인물 머리

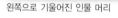

**STEP 06**

예제 사진에서 모델의 들려진 다리가 좀 더 위로 올라가게 하고 싶다. 이것도 Puppet Warp 로 쉽게 보정할 수 있다.

빠른 선택 도구(　)를 선택하고 옵션바에서 [Select Subject] 버튼을 클릭해서 기본 선택 영역을 설정한 다음 [Select and Mask] 버튼을 클릭해서 세부 영역 선택을 설정한다.

리파인 에지 브러시 도구(　)를 사용해서 머리카락 경계를 드래그하고 선택 영역을 더 분명히 보기 위해 Properties 패널에서 View를 'Overlay'로 지정하면 선택 영역 이외의 부분은 그림과 같은 색상이 나타난다. 이와 같은 선택 기능은 Chapter 05에서 더 자세히 알아볼 것이다.

선택을 완료하면, Properties 패널 아랫부분 Output To를 'New Layer'로 지정하여 별도의 새 레이어로 만든다.

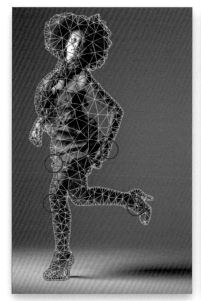

## STEP 07

[Edit]-[Puppet Warp]를 실행해 피사체에 그물망을 적용한다. 이제 고정 포인트를 추가할 차례이다. 예제에서는 왼쪽 팔목, 반대편 다리, 드레스가 끝나는 지점, 다리를 구부린 지점, 똑바로 뻗은 다리의 무릎 바로 아래 지점, 그리고 위치를 이동해야 하는 부위인 왼쪽 발 윗부분에도 포인트를 추가했다(그림에 원들로 표시한 지점).

발에 있는 포인트를 위로 드래그해서 다리가 더 위로 구부러지도록 보정한다(오른쪽 예제 사진). 설정이 마음에 든다면, Enter를 눌러 변형을 적용한다. 보정을 완료한 오른쪽 그림을 보면, 'Background' 레이어에 남은 다리가 보인다. 보정한 다리가 있는 레이어 섬네일 왼쪽에 있는 눈 아이콘(◉)을 클릭해 레이어를 숨기고, 'Background' 레이어를 클릭해서 활성화한다.

올가미 도구(◉, L)를 선택하고 이동한 다리가 있던 영역을 여유 있게 선택한 다음 Back Space 를 누른다.

[Fill] 대화상자에서 Contents를 'Content-Aware'로 지정하면 선택 영역 뒤에 있는 회색 배경으로 채워진다.

[OK] 버튼을 클릭하고 Ctrl+D를 눌러 선택을 해제한 다음 윗부분 레이어의 섬네일 왼쪽에 있는 눈 아이콘을 표시하여 숨기기를 해제한다.

보정 전

보정 후

원본 사진

다리를 좀 더 높게 변형한 사진

## STEP 08

보정 전후 사진을 비교해 보자. 왼쪽이 원본 사진이고, 오른쪽이 Puppet Warp를 사용해 한쪽 다리를 더 높게 이동한 사진이다.

# 실수로 찍힌 스튜디오 배경 보정하기

필자는 스튜디오에서 배경지를 자주 사용한다. 현장에서 배경지가 배경을 다 가리지 못하는 경우 포토샵에서 배경지 연장이 필요하다. 주로 인물 사진을 보정할 때 이와 같은 문제를 보정하므로 보정, 수정, 제거, 덮기 등과 같은 기법을 다루는 Chapter 08보다 인물 사진 보정 챕터에 넣기로 결정했다. 비록 인물 사진 보정 챕터에 있지만 이번 보정 방법은 다른 용도로도 사용할 수 있다.

## STEP 01

예제 사진은 폭이 좁은 배경지 때문에 오른쪽에 스탠드와 다른 장비들이 보이므로 빠른 보정 비법으로 배경지를 연장해 보자.
사각형 선택 도구(▦, M)를 선택한다. 보정해야 하는 영역과 근접한 영역에 예제와 같이 긴 직사각형 선택 영역을 설정한다.
Ctrl + T 를 눌러 자유 변형 상자를 표시한다.

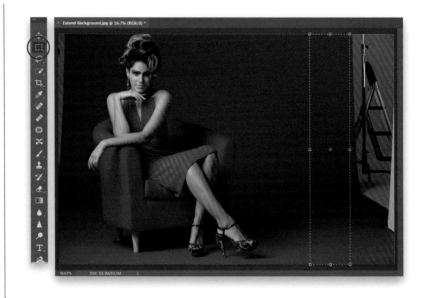

## STEP 02

변형 상자를 드래그해서 배경을 연장하여 오른쪽에 있던 장비를 숨긴다. 보정을 마친 후 변형 상자 바깥쪽을 클릭해서 효과를 적용한다.
Ctrl + D 를 눌러 선택을 해제한다.

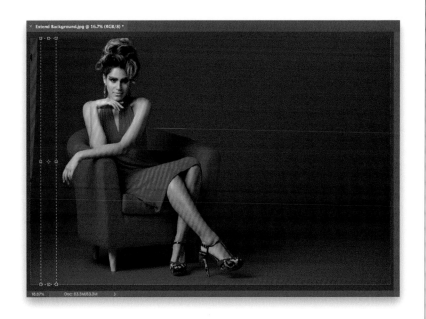

**STEP 03**

반대쪽을 보정해 보자. 왼쪽에는 오른쪽보다 훨씬 작은 빈틈이 있으며, 동일한 방법으로 보정한다.

사각형 선택 도구(▦)를 선택하고 근처의 깔끔한 배경을 긴 직사각형 형태로 드래그하여 선택한다.

자유 변형을 위해 Ctrl + T 를 누른다.

**STEP 04**

동일한 방법으로 왼쪽 면 중앙 조절점을 잡고 왼쪽 끝까지 드래그해서 선택 영역을 연장해 보정한다. 그리고 변형 상자 바깥쪽을 클릭해서 설정을 적용한 다음 Ctrl + D 를 눌러 선택을 해제한다.

## Chapter 05

# 사진 여러 장 합성하기

## COMPOSITE

'Composite'이라는 곡이 열 개가 넘는다는 것은 예상 밖이었다. 그리고 아이튠즈 스토어에서 'Composite'이 신시사이저 연주가 깔린 베이스 드럼 곡 테마라는 것을 알게 되었다.

신시사이저 연주가 깔린 베이스 드럼 곡들은 포토샵 기능 이름을 제목으로 사용할지도 모른다는 생각이 들었다. 그래서 포토샵 기능을 아이튠즈 스토어에서 검색해 보았는데 역시 이상한 신시사이저 연주와 베이스 드럼 곡들이 나왔다.

예를 들어 Unsharp Masks의 'Healing Brush'라는 곡도 들어 보았는데, 9분 30초 길이의 움직이는 슬라이더 공명을 신시사이저로 연주한 트랙이 깔린 베이스 드럼 곡이었다. 나는 이 곡을 구매하지 않을 수 없었다. 심지어 친구들에게 이 곡을 선물하기도 했다. 중독성이 매우 강한 곡이다.

한 가지 사실이 뇌리를 스쳤다. 나에게는 신시사이저가 있다. 그것도 네 대나 소유하고 있다. 그리고 내 아들은 야마하 베이스 드럼을 가지고 있다. 그래서 신시사이저를 연결하고, 오른쪽 발을 베이스 드럼 페달에 놓았다. 그리고 기묘한 사운드 패치를 골라 애플 레코딩 앱 Garage Band의 녹음 버튼을 클릭했다. 자랑하고 싶지는 않지만, 나는 마법을 만들었다. 마치 고대 그리스 여신이 산 정상에서 나의 영혼으로 보낸 곡과 같았다. 세 개 노트 코드를 6분 18초 동안 누르고, 1/3 노트 베이스 드럼 트랙을 밑에 깔았다.

여신이 내려 주신 영감을 세계에 선물하고 싶었지만, 슬프게도 아이튠즈 스토어가 '가사가 너무 자극적'이라는 이유로 곡을 거부했다. 가사가 그렇게 된 이유는 바로 곡을 녹음하던 중에 새끼발가락이 베이스 드럼 페달과 드럼 가장자리 사이에 끼어 나도 모르게 욕을 뱉었기 때문이다.

# 머리카락
# 마스킹하기

인물을 배경과 분리해서 다른 배경에 넣는 사진 합성이 최근 몇 년 사이에 인기가 높아졌다. 그 이유는 과거와 달리 과정이 쉬워졌기 때문이다. 이제는 바람에 날리는 머리카락과 같은 까다로운 영역 선택이 수월해졌다. 게다가 어도비에서 포토샵 CC에 AI와 기계 학습 기술을 추가해서 더 쉬워졌다. 이번에 소개하는 방법은 과정이 길어서 어렵다고 생각할 수 있겠지만 사실은 간단하고 쉬우므로 도전해 보기 바란다.

라이트룸에서 다른 배경에 합성할 피사체 사진을 선택한 다음 Ctrl + E 를 눌러 포토샵으로 불러온다. 선택을 하기 전에 촬영할 때 회색이나 베이지와 같은 색상의 배경을 사용하면 영역 선택이 훨씬 더 쉽다는 점을 기억하자.

예제의 경우에는 배경으로 저렴한 흰색 배경지를 사용했으며, 배경광은 사용하지 않아서 사진에는 밝은 회색으로 나타난다. 배경지를 반드시 사용할 필요는 없으며, 집이나 사무실의 무채색 벽을 활용해도 된다.

옆으로 나온 머리카락과 같이 세부 영역을 최대한 선택하기 위해 다음 두 단계를 실행한다. 빠른 선택 도구( , W )를 선택한다. 하지만 도구는 사용하지 않는다. 과거에는 빠른 선택 도구로 사용자가 직접 일일이 설정해야 했지만, 이제는 포토샵이 AI와 기계 학습 기능을 사용해서 피사체를 자동으로 인식하고 영역을 선택한다.

옵션바에서 [Select Subject] 버튼을 클릭하면 몇 초 후 예제와 같이 자동으로 기본 영역이 선택된다. 선택이 까다로운 경계선 밖 머리카락과 같은 미세한 영역을 모두 선택하지는 못했지만, 다음 단계에서 해결할 것이므로 걱정하지 말자.

**Note** - - - - - - - - - - - - - - - - - - - - - - -

[Select Subject] 버튼은 포토샵 CC 2018 이상에서 사용할 수 있다.

- - - - - - - - - - - - - - - - - - - - - - - - - - - -

옵션바에서 [Select and Mask] 버튼을 클릭하면, 머리카락과 같이 까다로운 영역을 선택하기 위한 특별한 작업 환경이 표시된다. 마스킹을 시작하기 전에 설정이 잘 보이도록 기본 보기 모드부터 변경한다.

Properties 패널의 View Mode 영역에서 View를 'Overlay'로 지정한다. 그러면 선택 영역은 정상적으로 보이고, 선택하지 않은 영역은 예제와 같이 빨간색으로 나타난다. 이 빨간색 오버레이는 투명하기 때문에 선택 영역에서 제외된 부분을 볼 수 있다.

예제의 경우에는 양쪽에 바람에 날린 머리카락과 코트 깃 부분 어두운 모피 가장자리가 선택 영역에 포함되지 않았다. 다음 단계에서 아직 선택하지 않은 영역이 어디인지 알려 주면 포토샵이 마법을 부릴 것이다.

리파인 에지 브러시 도구()를 선택하고 추가하려는 영역의 가장자리를 따라 드래그한다. 예제에서는 브러시 1/3을 머리에 놓았다.

브러시 크기는 [, ]를 눌러 조절한다. 바람에 날리는 머리카락을 선택하는 경우도 역시 머리카락을 따라 드래그하면 된다. 그러면 선택한 영역의 빨간색 오버레이가 사라지고 정상적인 색상으로 나타난다. 전 단계의 예제 사진에서는 머리카락에 빨간색 오버레이가 있고 회색 배경도 약간 보였지만 이제는 선택 영역에 포함되어 더 이상 보이지 않는다.

브러시를 너무 성급하게 드래그하지 않도록 주의한다. 복잡한 계산 과정을 백그라운드에서 실행 중이므로 너무 빨리 드래그하면, 'wait'이 표기된 작은 원형이 표시되기도 한다.

## STEP 05

오른쪽에 있는 바람에 날리는 머리카락도 드래그해서 선택 영역에 추가한다. 모피의 가장자리를 드래그하면, 털 사이사이까지 놓치지 않고 완벽하게 선택 영역을 설정한다. 이미 선택한 영역에 빨간색 오버레이가 침범하도록 드래그하는 실수를 했다면 브러시 도구()를 이용해서 복구한다.

선택이 까다로운 영역까지 선택을 완료하면 선택 영역 경계에 포함된 회색 배경을 제거하기 위해 Output Settings 항목에서 'Decontaminate Colors'에 체크 표시한다. Amount는 '100%'로 둔다.

Output To를 'New Layer'로 지정한다.

여러분이 마스크 기능을 좀 더 자유자재로 사용하게 된다면 마스크를 계속 수동으로 편집할 수 있도록 'New Layer with Layer Mask'를 선택해도 된다.

## STEP 06

[OK] 버튼을 클릭하면 'Background' 레이어가 숨겨지며 별도의 레이어로 만든 선택한 피사체가 투명 배경에 나타난다. 이제 이 레이어를 가까이 살펴보면 모피 일부의 경계 근처와 코트 윗부분 경계 근처, 바람에 날린 머리카락 일부가 선명하지 않고 반투명 상태인 것을 알 수 있다. 흔히 나타나는 형상이므로 다음 단계에서 쉽게 보정할 것이다.

다음 방법은 필자의 작업에 큰 변화를 가져온 방법이다.

Ctrl + J 를 두 번 눌러 두 개의 복제 레이어를 만들면 반투명한 부분에 픽셀을 쌓아 선명해진다. Step 06의 예제 사진과 비교하면 큰 차이를 보인다.

Ctrl 을 이용해 세 개의 레이어를 일괄 선택하고 Ctrl + E 를 눌러 하나의 레이어로 병합한다. Ctrl + C 를 눌러 복사한다.

배경으로 사용할 사진을 불러온다. 예제에서는 시애틀에서 촬영한 거리 사진을 사용하기로 했다. 촬영은 전경에 서 있는 친구에게 초점을 맞추고, 반셔터를 눌러 초점을 고정했다. 인물 사진과 합성할 배경으로 사용하기 위해 친구를 프레임에서 빼고 초점이 맞지 않는 배경을 촬영했다.

> **Tip**
>
> 두 개의 복제 레이어를 만드는 방법으로 반투명한 영역 보정에 실패한 경우, 히스토리 브러시 도구 (☑, Y)를 선택해 반투명한 영역을 드래그하면 사진을 처음 불러왔을 때 상태로 복구된다.

## STEP 09

Step 07에서 복사한 병합 레이어를 기억하는 가? 거리 사진 배경에서 Ctrl + V를 눌러 복사한 사진을 붙인다.

Ctrl + T를 누르고 사진 크기를 조절한다.

인물을 왼쪽으로 드래그해서 위치를 조절한 다음 변형 상자 바깥쪽을 클릭해서 변형을 적용한다.

인물이 따뜻한 색감이기 때문에 배경과 어울리지 않으므로 색상 보정이 필요하다. 그리고 이와 같은 합성 사진에는 간혹 배경 사진에 붙이기 전에는 보이지 않던 가는 흰색 테두리가 피사체 둘레에 나타난다.

흰색 테두리가 보인다면 [Layer]-[Matting]-[Defringe]를 실행한다. Width를 '1pixels'로 설정하고 [OK] 버튼을 클릭하면 대부분의 경우 이 문제를 해결할 수 있다. 이 방법이 실패하면 Ctrl + Z를 눌러 설정을 취소하고 Width를 '2pixels'로 설정한다.

또한 밝거나 흰색 배경에서 피사체를 촬영했다면, [Layer]-[Matting]-[Remove White Matte]를 실행해서 배경의 흔적을 제거한다(그와 반대로 어두운 배경을 사용했다면 [Remove Black Matte]를 실행한다). 이 방법만으로도 흡족한 결과를 얻을 수도 있지만, 인물의 머리 근처를 엉망으로 만드는 경우에는 설정을 취소하면 된다.

## STEP 10

예제 사진의 경우에는 Defringe 기능이 그다지 큰 도움이 되지 못했지만(흔한 경우는 아니다) 피해는 되지 않았다. 그저 설정을 취소한다. 이제 인물 사진의 전체 색상을 배경 색상과 맞춰 보자. 그러려면 인물을 선택해야 한다.

Layers 패널에서 인물 사진 레이어 섬네일을 Ctrl 을 누른 채 클릭하여 인물을 선택한다.

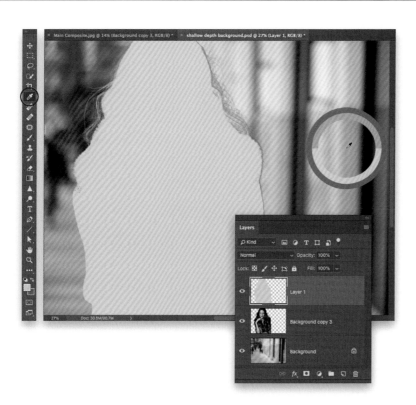

STEP
11

'Create a new layer' 아이콘()을 클릭해서 새 레이어를 만든다. 배경 색상을 빌려와 선택 영역의 색상을 보정할 것이다. 그러나 아무 색이나 선택하는 것이 아니라 압도적으로 두드러지는 색상을 선택한다.

필자가 보기에 예제 사진에서 가장 눈에 띄는 색상은 오른쪽에 있는 기둥의 푸른색이다. 스포이드 도구(🖊, [I])로 전환하고 푸른색 기둥 안쪽을 클릭해서 전경색을 지정한다.

[Alt] + [Delete]를 누르면 선택한 영역에 색상이 채워진다.

[Ctrl] + [D]를 눌러 선택을 해제한다. 물론 적용한 색상이 아래 레이어에 있는 인물을 덮어버렸지만 고칠 수 있는 문제이다.

STEP
12

다음은 이 레이어의 블렌드 모드를 변경해서 피사체를 덮고 있는 색상을 투명하게 만든다. 블렌드 모드를 'Color'로 지정하면 불투명했던 푸른색이 투명한 푸른색 필터 역할을 해서 인물이 푸른색을 띤 흑백으로 나타난다. 이것은 다음 단계에서 보정할 것이다.

**STEP 13**

Layers 패널에서 Opacity 설정을 낮추어 그림과 같이 인물을 복구한다. 예제에서는 '42%'로 설정하였다.

Ctrl + Alt + Shift + E 를 눌러 Layer 패널 윗부분에 마치 모든 레이어를 병합한 것 같은 사진을 만든다. 그러면 현재 활성화된 레이어가 아닌 사진 전체에 효과를 적용할 수 있다.

**STEP 14**

필자는 사진을 합성할 때 항상 동일한 마무리 작업을 하는데, 라이트룸의 [Develop] 모듈이나 포토샵에서 Camera Raw 필터를 사용한다 (동일한 기능이므로 둘 중 어느 쪽에서 해도 상관없다). 여기서는 포토샵에서 마무리 작업을 해 보자.

인물이 합성한 배경에 실제로 있는 것처럼 보이도록 만드는 것이 중요하기 때문에 사진 전체에 적용할 수 있는 효과가 필요하다. 시각적인 결속 요소의 추가가 생각보다 큰 차이를 만든다. [Filter]-[Camera Raw Filter]( Shift + Ctrl + A )를 실행한다.

Basic 패널의 Profile에서 작은 상자 네 개가 있는 아이콘(▦)을 클릭해서 예제와 같이 생긴 Profile Browser 패널을 표시한다. Artistic 영역으로 스크롤해서 필터 효과 한 가지를 선택하여 적용해 보자.

예제에서는 'Artistic 04'를 선택해 사진 전체에 강한 대비와 푸른색을 추가해 전경과 배경이 조화를 이루도록 했다.

**STEP 15**

다른 분위기의 필터를 사진을 병합한 버전에 적용하고 사진 전체에 어떤 영향을 미치는지 살펴보자. 여기서는 'Artistic 02' 프로필을 클릭하자 붉은색과 갈색의 엷은 색조를 사진 전체에 적용해서 인물과 배경이 조화를 이루도록 만들었다.

Profile Browser 패널에서 설정을 완료하고 오른쪽 윗부분 [Close] 버튼을 클릭해서 닫는다.

**STEP 16**

[Camera Raw] 창에서 [Effects] 탭()을 선택한다(라이트룸의 [Develop] 모듈에 있는 [Effects] 패널에서 동일한 설정을 할 수 있다). Post Crop Vignetting 항목의 Amount를 왼쪽으로 드래그해서 사진 둘레에 비네트 효과를 추가한다. 예제에서는 '-15'까지 드래그했다. 비네트 효과를 추가하는 것으로 사진 합성 작업을 마무리한다.

# 두 장 이상의
# 사진 합성하기

라이트룸에는 두 장(혹의 여러 장)의 사진을 부드럽게 합성할 수 있는 기능이 없다. 이번에 배울 사진 합성 기법은 예술 사진부터 상업 사진까지 모든 사진가에게 인기가 높다. 게다가 포토샵은 이런 작업을 위해 만들어진 프로그램이기 때문에 쉽고 슬겁게 사진을 합성할 수 있다. 레이어 마스킹을 사용한 사진 합성 비법을 한번 배우면 브러시를 내려놓고 싶지 않을 것이다.

**STEP 01**

합성에 사용할 첫 번째 사진을 포토샵으로 불러오기 위해 Ctrl + E 를 누른다. 이 사진 위에 다른 사진들을 쌓아 콜라주를 만들 것이다.

**STEP 02**

두 번째 사진을 포토샵으로 불러온다. [Select] –[All]( Ctrl + A )을 실행해 사진 전체를 선택하고 [Edit]–[Copy]( Ctrl + C )를 실행해 사진을 복사한다.

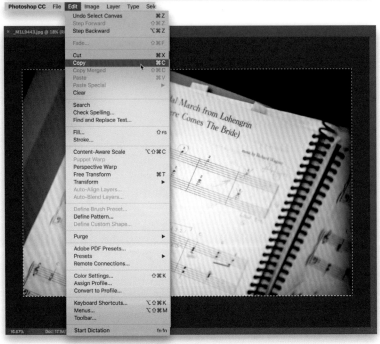

## STEP 03

첫 번째 사진을 클릭하고 Ctrl + V 를 눌러 두 번째 사진을 붙인다.

이동 도구(✛, V)를 선택하고 악보 사진을 그림과 같이 오른쪽으로 드래그한다. 예제에서는 두 장의 사진을 합성해서 악보가 오른쪽 끝에 보이고 신부에 근접할수록 점차 흐려지게 할 것이다. 이 시점에서는 아직 효과를 적용하지 않았기 때문에 사진 전체가 모두 선명하게 나타난다.

## STEP 04

두 장의 사진을 혼합하기 위한 첫 번째 단계로 Layers 패널 아랫부분에서 'Add a mask' 아이콘(◻)을 클릭한다. 악보 사진 레이어 섬네일 오른쪽에 흰색 레이어 마스크가 추가된다.

그레이디언트 도구(◼, G)를 선택하고 옵션바에서 그라데이션을 'Black, White(◼)'로 지정한다. 섬네일 오른쪽에 있는 그라데이션 방향에서 'Linear Gradient(◼)'를 선택한다.

왼쪽에서 오른쪽으로 드래그하여 그림과 같이 악보 왼쪽에 인물 사진이 비치도록 만든다.

**STEP 05**

다른 사진을 추가해 보자. 이 사진은 색이 있지만 다른 두 장의 흑백 사진과의 조화를 위해 흑백으로 변환하는 편이 좋다.

[Desaturate]를 이용하면 밋밋하고 하트 형태가 너무 어두워지기 때문에 흑백 프로필을 사용해 보겠다.

[Filter]-[Camera Raw Filter](Shift + Ctrl + A)를 실행한다.

Profile 오른쪽에서 네 개 사각형이 있는 아이콘(⊞)을 클릭한다. B&W 항목에서 마음에 드는 흑백 프로필을 선택한다. 필자는 'B&W 04'를 선택했다.

[OK] 버튼을 클릭한다.

**STEP 06**

사진 전체를 복사하고 신부와 악보가 있는 캔버스에 붙인다. 이동 도구(✛, V)를 선택하고 왼쪽에 배치한다.

## STEP 07

이전과 같은 방법으로 레이어 마스크를 적용해 보자. 'Add a mask' 아이콘(■)을 클릭하여 마스크를 추가하고 그레이디언트 도구(■)를 선택한다.

오른쪽에서 왼쪽으로 드래그하여 샴페인 잔 레이어 경계가 점진적으로 흐릿해지도록 만든다.

## STEP 08

마지막 단계는 샴페인 잔 레이어가 신부에게 집중되어야 하는 시선을 빼앗지 않도록 더 투명하게 보정해 보자.

Layers 패널에서 샴페인 잔 레이어의 Opacity를 '60%'로 설정한다.

그리고 이동 도구(✥)로 사진을 좀 더 왼쪽으로 이동했다.

# 질감 있는 배경 만들기

밝은 회색, 베이지, 황갈색 등 중간색 배경에서 피사체를 촬영했다면, 새 배경을 피사체 위에 씌운 다음 블렌드 모드를 사용해서 원래의 배경에 질감을 더하는 쉽고 빠른 방법으로 새 배경을 만들 수 있다.

**STEP 01**

라이트룸에서 배경에 질감을 더할 사진을 선택하고 Ctrl + E 를 눌러 포토샵으로 불러온다. 이번 기법은 배경이 중간색인 경우 사용하면 좋다. 회색 배경지와 같은 중간색 배경에서 피사체를 촬영해서 사용해 보자.

**STEP 02**

사진에 적용하고 싶은 배경 질감 이미지를 불러온다(예제 사진은 Adobe Stock에서 다운로드했다. 'Free Background Textures'를 검색하면 수많은 무료 배경 질감 이미지를 찾을 수 있다).
Ctrl + A 를 눌러 이미지 전체를 선택하고 Ctrl + C 를 눌러 복사한다.

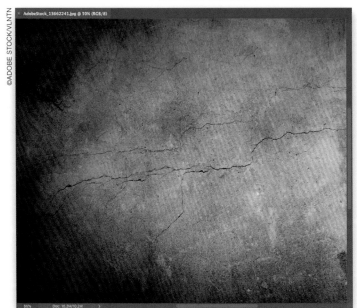

STEP
03

인물 사진으로 돌아와 Ctrl+V를 눌러 배경 질감 이미지를 붙여서 별도의 레이어로 만든다.
배경에 질감을 더할 때 보통 다음 세 가지 블렌드 모드 중 하나를 사용한다.

❶ Overlay: 보통의 대비 효과를 추가하여 만족스러운 결과를 얻는 경우가 많다.

❷ Soft Light: 약간 대비 효과를 추가한다.

❸ Mutiply: 강한 대비 효과를 추가한다.

예제의 경우 블렌드 모드를 'Overlay'로 지정했다. 이 블렌드 모드만으로도 충분한 질감이 나타난다. 그러나 질감이 사진 전체에 적용되어 인물이 마치 피부 질환이 있는 것처럼 보인다.

STEP
04

질감 이미지 레이어가 선택된 채로 'Add a mask' 아이콘(▣)을 클릭한다.

브러시 도구(✎, B)를 선택하고, D와 X를 차례로 눌러 전경색을 '검은색'으로 지정한 다음 인물을 드래그하여 인물을 덮고 있던 질감을 숨긴다.

가는 머리카락, 특히 바람에 날리는 머리카락에 있는 질감은 어떻게 숨기는지 궁금할 것이다. 머리카락과 같은 미세한 영역에 있는 질감은 눈에 잘 띄지 않기 때문에 오히려 더 쉽고 빠르게 처리할 수 있다. 머리카락 경계에 가까이 접근해서 드래그하면 된다. 반드시 경계를 정확하게 드래그할 필요가 없다. 라이트룸 [Develop] 모듈에서 Profile Browser 패널을 표시하고 'Modern 07' 프로필을 적용해 두 개의 이미지가 원래 하나의 사진이었던 것 같은 느낌을 더한다.

# 여러 장의 동일한 인물 사진 합성하기

이번에 배울 기법은 초보자도 쉽게 할 수 있는 것으로, 다음의 규칙만 지키면 된다. 삼각대를 사용해서 촬영하고, 삼각대를 절대 움직이지 않고 피사체만 움직이는 것이다. 촬영은 실내나 야외 어디서든 할 수 있으며, 배경 제약도 없다. 단, 배경에 움직이는 요소가 없어야 한다(배경에 움직이는 요소가 있다면 작업이 까다로워진다).

**STEP 01**

삼각대를 사용하면 이번 프로젝트는 매우 쉽다. 촬영 방법은 카메라를 삼각대에 장착하고 일반 촬영과 동일하게 사진을 찍지만 촬영 중 삼각대를 절대 이동하지 않는 것이다.

첫 번째 사진을 찍은 다음 피사체를 프레임 안에서 이동한다. 첫 번째 사진을 찍은 위치에서 피사체가 서로 겹치지 않는 위치가 적절하다. 또한 삼각대와 마찬가지로 조명 세팅도 변경하지 않는 것이 좋다. 촬영 중 이동하는 것은 피사체뿐이다. 이해를 돕기 위해 필자가 촬영하는 모습을 담은 몇 장의 사진을 실었다.

**STEP 02**

촬영한 다음 라이트룸에서 첫 번째 사진을 선택하고 Ctrl + E 를 눌러 포토샵으로 불러온다. 필자는 보통 예제 사진과 같이 피사체가 가운데에 있는 사진을 가장 먼저 불러오며, 나머지 사진들을 하나씩 추가한다.

## STEP 03

피사체가 다른 위치에 있는 두 번째 사진을 불러온 다음 Ctrl + A를 눌러 사진 전체를 선택한다. Ctrl + C를 눌러 사진을 메모리에 복사한다.

첫 번째 사진으로 전환하고 Ctrl + V를 눌러 복사한 사진을 붙인다(두 번째 사진은 'Layer 1'이라는 이름의 별도 레이어가 된다). Layers 패널 오른쪽 윗부분에서 첫 번째 사진이 비쳐 보이도록 'Layer 1'의 Opacity를 '80%'로 낮춘다.

이동 도구(⊕, V)로 두 번째 사진 레이어를 클릭하고 오른쪽으로 드래그해서 두 버전의 인물 사이에 적당한 공간을 만든 다음 Opacity를 다시 '100%'로 설정한다.

## STEP 04

'Background' 레이어의 인물이 보이도록 만들기 위해 윗부분 레이어의 섬네일을 더블클릭해서 [Layer Style] 대화상자를 표시한다.

Blend If 항목의 오른쪽 윗부분 슬라이더를 왼쪽으로 드래그해서 'Background' 레이어가 선명하게 나타나게 하고 [OK] 버튼을 클릭한다.

**STEP 05**

세 번째 사진을 불러온다. 두 번째 사진과 동일한 복사와 붙이기 과정을 적용하기 위해 사진 전체를 선택하고 복사한다.

작업하던 사진으로 돌아가 복사한 세 번째 사진을 붙여서 별도의 레이어로 만든 다음 Opacity 설정을 낮춰 나머지 사진 두 장과 인물 위치를 조절한다. 예제 사진의 경우에는 세 번째 사진이 가운데 인물과 많이 겹친다.

**Note**

필자는 이번 프로젝트에 세 장의 사진만 사용했지만, 프레임에 맞기만 하면 얼마든지 많은 사진을 사용해도 된다. 더 많은 사진을 사용하려면, 삼각대를 더 뒤에 세우거나 광각 렌즈를 사용해서 더 넓은 화각으로 많은 사진을 촬영한다.

**STEP 06**

이동 도구(⊕)로 세 번째 사진 레이어를 다른 인물과 겹치지 않도록 왼쪽으로 드래그해서 위치를 조절한 다음 Opacity를 '100%'로 복구한다.

**STEP 07**

앞에서 적용했던 Blend If를 다시 사용하기 위해 Layers 패널에서 세 번째 사진 레이어인 'Layer 2'를 더블클릭해서 [Layer Style] 대화상자를 표시한다.

Blend If 항목에서 윗부분 흰색 슬라이더를 왼쪽으로 드래그하여 아래에 있는 두 장의 사진이 선명하게 보이게 만든다.

[OK] 버튼을 클릭한다.

**STEP 08**

자유롭게 활용할 수 있는 추가 기법을 설명하겠다.

이번 예제에서 Blend If가 효과적인 이유는 배경이 흰색이기 때문이었다. 다른 색상의 배경을 사용하는 경우, 다른 기법이 필요하다. Blend If를 사용하는 대신, 각 사진 피사체 주변의 모든 여백을 지우는 것이다. 예제 사진과 같은 경우에는 사각형 선택 도구(▦, Ⓜ)로 인물 여백을 모두 드래그해서 선택한 다음 Back Space를 눌러 제거하면 다른 사진 인물이 드러난다.

물론 레이어 마스크와 브러시 도구(✏)를 사용해도 좋다.

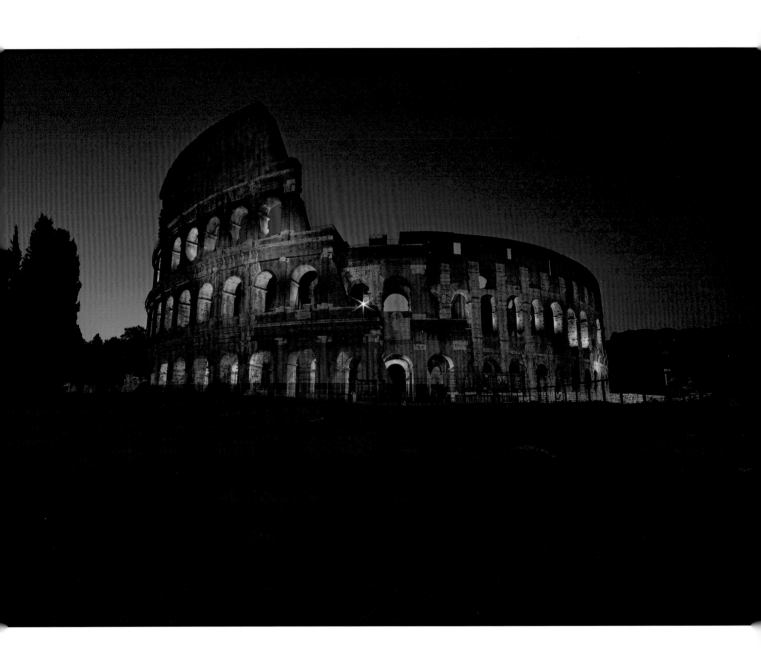

## Chapter 06

# 특수 효과 사용하기

## SIDE EFFECTS

이번 챕터 제목으로 마음에 드는 두 개의 후보가 있었다. 루니 마라와 채닝 테이텀 주연의 'Side Effects(2013)'와 미셸 파이퍼와 애쉬튼 커쳐의 'Personal Effects(2009)'였는데, IMDb(Internet Movie Database; 인터넷 영화 데이터베이스)에서 줄거리를 읽고 'Side Effects'로 결정했다.

영화 줄거리는 '정신과 의사가 처방한 약품의 예기치 않은 부작용에 의해 한 젊은 여성의 세계가 파탄난다'라고 정리되어 있다. 필자가 이 줄거리를 읽었을 때 온몸에 소름이 돋았다. 이 영화는 바로 필자의 이야기이기 때문이다.

(a) 나는 젊은 여자이다.

(b) 정신과 의사가 트리메톡시페네틸아민이라는 약을 처방해 주었는데, 예기치 않은 부작용으로 등 일부분에 긴 금발 머리가 자라서 동료들이 '포니 보이'나 '포니 걸' 또는 '폴리 그립'이라는 별명을 붙였다.

이것은 전혀 재미있는 일이 아니었다. 최소한 일주일에 세 번은 무선 전기 잔디 깎기 기계로 잘라야 한다.

제목에 'effect'가 들어간 영화가 또 하나 있었는데, 2012년에 상영된 제인 세이모어와 스카티 톰슨 주연의 'Lake Effects'였다. 이 영화 줄거리를 읽고 'Side Effects'보다 필자의 인생과 유사한 점을 발견했다.

이 영화의 줄거리는 '사라와 릴리는 스미스 마운틴 호수에서 함께 자랐다. 가족과의 사이가 소원해진 사라는 법학을 공부하기 위해 아무 설명도 없이 LA로 떠난다'라고 정리되어 있다. 정말 신기하게도 필자는 스미스 마운틴 호수에서 자랐고, 가족과의 관계가 소원해져서 법학을 공부하기 위해 아무 설명도 없이 LA로 이사했다. 그리고 바로 LA에서 정신과 의사가 트리메톡시페네틸아민을 처방했고 잔디 깎기 기계를 구입하게 된다.

# 다른 하늘로 바꾸기

구름이 없는 하늘은 사진 전체를 밋밋하게 만든다. 그러나 포토샵의 Blending Options와 Blend If를 사용하면 쉽게 밋밋한 하늘을 다른 하늘로 대체할 수 있다. 이 슬라이더의 자동 기능을 사용하면 복잡한 마스크를 직접 만들지 않아도 되기 때문에 짧은 시간에 만족스러운 사진을 만들 수 있다.

**STEP 01**

라이트룸에서 그림과 같이 밋밋하고 구름이 없는 하늘이 있는 사진을 선택한 다음 Ctrl + E 를 눌러 포토샵으로 불러온다. 예제는 완벽하지는 않지만 더 낫게 만들 수 있을 것이라고 생각한다.

**STEP 02**

그림의 사진은 이틀 뒤에 같은 도시에서 촬영한 하늘 사진이다. 밝고 푸른 하늘이 아니라서 다른 사진과 잘 어울릴 것 같다.
Ctrl + A 를 눌러 사진 전체를 선택하고, Ctrl + C 를 눌러 복사한다.
밋밋한 하늘이 있는 사진으로 전환하고 Ctrl + V 를 눌러 붙여서 구름 사진을 별도의 레이어로 만든다.
Layers 패널에서 'Background' 레이어의 자물쇠 아이콘(🔒)을 클릭하여 일반 레이어로 변환한다.

구름이 없는 사진을 맨 위로 드래그한다. 섬네일을 더블클릭해서 [Layer Style] 대화상자를 열고 하늘을 대체해야 하기 때문에 Blend If를 'Blue'로 지정한다.

윗부분 오른쪽 슬라이더를 왼쪽으로 드래그해야 하는데 그 전에 Alt 를 누르고 있어야 한다. Alt 를 누르지 않고 슬라이더를 드래그하면 새로 추가하는 하늘이 자연스럽게 혼합되지 않는다.

Alt 를 누른 채 윗부분 오른쪽 슬라이더를 왼쪽으로 드래그하면, 슬라이더 조절점이 반으로 분할되어 두 사진이 부드럽게 합성된다. 슬라이더를 왼쪽으로 드래그할수록 구름 사진이 더 강하게 비쳐 보인다. 설정을 마치면 [OK] 버튼을 클릭한다.

전 단계를 완료하고 사진을 살펴보면 구름이 나타나지 않아야 하는 곳에 구름이 보이는 영역이 있다. 예제 사진의 경우에는 아랫부분 대리석 난간에 하늘이 보인다. 이 문제를 해결하기 위해 Layers 패널에서 구름 사진 레이어를 선택하고 히스토리 브러시 도구(🖌, Y )를 선택한 다음 구름을 제거해야 하는 영역을 드래그해서 복구한다.

**Note**

블렌드 설정을 적용하고 하늘이 밝아 보인다면 [Filter]-[Camera Raw Filter]( Shift + Ctrl + A )를 실행하고 Exposure 설정을 낮춰 어둡게 보정한다.

# Lab 모드로 가을 사진 만들기

일반 RGB 모드를 Lab 색상 모드로 변환해서 만드는 효과를 알아볼 것이다. 색상 모드를 변환해도 화질에는 전혀 영향을 미치지 않아 사진은 똑같이 보이지 민 10초 민에 녹색의 여름 풍경을 가을 색상의 풍경으로 만들 수 있다.

**STEP 01**

라이트룸에서 가을 색상을 적용할 사진을 선택하고, Ctrl+E를 눌러 포토샵으로 불러온다. 첫 단계는 Ctrl+J를 눌러 'Background' 레이어를 복제한다(Step 04에서 복제 레이어가 필요한 이유를 알게 될 것이다).

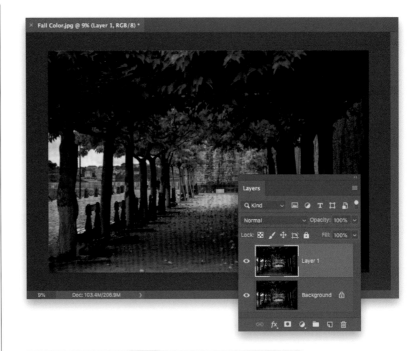

**STEP 02**

[Image]-[Mode]-[Lab Color]를 실행한 다음 대화상자가 표시되면 [Don't Flatten] 버튼을 클릭한다.

이 시점에서는 사진에서 어떤 변화도 보이지 않지만 Channels 패널을 보면 'Lightness(세부)' 채널이 있고, 'a'와 'b'라는 이름을 가진 두 개의 색상 채널이 나머지를 구성하는 것을 알 수 있다.

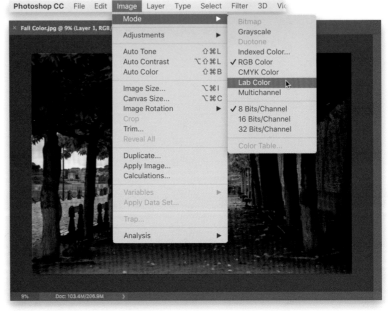

[Image]-[Apply Image]를 실행한다.

Channel을 'b', Blending을 'Overlay'로 지정하면 즉시 사진에 가을 색상 효과가 나타난다. 색이 너무 강하다면 Opacity 설정을 낮춘다(별도의 슬라이더가 없으므로 숫자를 직접 입력해서 설정해야 한다).

채도를 조절한 다음 [OK] 버튼을 클릭해서 보정을 적용한다.

[Image]-[Mode]-[RGB Color]를 실행하여 다시 RGB 색상 모드로 변환하고 대화상자가 표시되면 [Don't Flatten] 버튼을 클릭한다.

사진을 다시 일반 모드로 변환해도 사진 일부가 너무 짙은 주황색 또는 파란색을 띠는 경우가 있다. 예상했던 결과이며, 바로 이 문제 때문에 Step 01에서 복제 레이어를 미리 만든 것이다. Layers 패널에서 'Add a mask' 아이콘(▣)을 클릭한다. 브러시 도구(✏)를 선택하고 D와 X를 차례로 눌러 전경색을 '검은색'으로 지정한다.

파란색이 짙은 영역을 드래그해서 원본 사진의 색상을 복구한다(사진에 인물이 있다면, 피부에 주황색이 짙게 나타날 수 있다). 예제 사진의 경우에는 오른쪽 벽과 왼쪽 나무들 사이를 드래그해서 원본 사진의 색상으로 복구했다. 레이어를 복제하는 방법을 사용하기 싫다면, 히스토리 브러시 도구(✏, Y)로 원본 사진 색상을 복구할 수 있다.

#### Note

사진을 다시 RGB 색상 모드로 변환하기 전에는 도구를 사용할 수 없다.

# 빛줄기 추가하기

사진에 극적인 빛줄기를 넣고 싶은 경우에 사용할 수 있는 여러 가지 방법이 있다. 대부분은 다양한 크기의 점들로 브러시 스트로크를 만든 다음 블러 효과를 추가해서 점을 빛줄기로 만드는 방법을 사용한다.

예제에서는 포토샵에 이미 있는 브러시를 사용해서 집중 효과와 마스크를 적용하는 간단한 방법을 사용할 것이다.

**STEP 01**

빛줄기를 넣고 싶은 사진을 불러온다. 예제 사진은 뉴욕의 그랜드 센트럴 터미널이다.

프리셋 브러시를 사용해서 빛줄기를 만들 것이다. 빛줄기는 별도의 레이어에 만들어야 하기 때문에 Layers 패널에서 'Create a new layer' 아이콘(⬜)을 클릭해서 새 레이어를 만든다.

**STEP 02**

브러시 도구(✎, [B])를 선택하고 Brushes 패널을 불러온다([Windows] 메뉴에서 선택).

패널에는 다양한 형태의 브러시가 있는데, 여기에서 필요한 것은 [Special Effects Brushes] 폴더이다.

폴더를 열고 'Kyle's Spatter Brushes – Spatter Bot Tilt(Brush Tool)'을 찾아(284픽셀 크기) 선택한다.

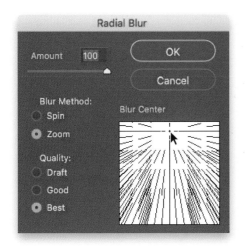

## STEP 03

요새 카메라로 촬영한 고해상도 사진에서 284 픽셀 브러시는 크기가 작은 편이므로 윗부분 옵션바에서 브러시 섬네일을 클릭하고 브러시 크기를 더 크게 설정한다(예제에서는 Size를 기본 크기의 열 배 정도인 '2100px'로 설정했다). D와 X를 차례로 눌러 전경색을 흰색으로 지정하고, 사진을 클릭한 다음 마우스 버튼을 1, 2초 정도 누르고 있으면 예제 사진과 같이 다양한 크기의 점들을 사진에 추가할 수 있다.

마우스 버튼을 누르고 있는 대신 몇 번 클릭해도 효과는 동일하다(이 브러시뿐만 아니라 점이 흩뿌려진 형태를 가진 브러시라면 모두 동일한 효과를 만들 수 있다).

## STEP 04

[Filter]-[Blur]-[Radial Blur]를 실행한다. Amount를 높게 설정하고(필자는 '100'으로 설정했다), Blur Method를 'Zoom', Quality를 'Best'로 지정한다. Blur Center에서 가운데 부분을 클릭하고 미리 보기 창을 윗부분으로 드래그하면 위에서 아래로 빛이 내리쬐는 것 같은 효과가 만들어진다.

**Note**

이 필터는 처리 시간이 걸릴 수도 있으므로 인내심을 가지고 기다려야 한다. 16비트 버전으로 사진을 처리한다면, 커피를 마시고 샌드위치까지 먹을 정도의 시간이 소요된다.

**STEP**
**05**

필터를 적용해 기본 빛줄기 효과를 만든 후에
도 효과가 별로 멋있어 보이지 않는다는 생각
이 들 것이다. 그것은 아직 할 일이 더 남아 있
기 때문이다. 이제 빛줄기를 더 밝게 보정하고
위치를 조절한 다음 사진에 나타나기를 원하지
않는 남은 부분들을 제거해야 한다.

**STEP**
**06**

더 밝고 선명한 빛줄기를 만들기 위해 [Ctrl]
+[J]를 눌러 빛줄기 레이어를 복제해 효과를
겹쳐 더 밝고 보기 좋게 만든다. 그리고 두 개
의 레이어를 병합해 하나의 레이어로 만든다.
Layers 패널에서 맨 위의 레이어를 클릭하고
[Ctrl]+[E]를 눌러 아래의 빛줄기 레이어와 병합
한다.

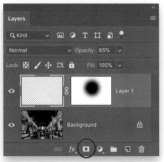

**STEP 07**

이동 도구(✛, ⓥ)를 선택하고 빛줄기를 터미널 끝에 있는 창 아랫부분으로 이동한다.

Layers 패널에서 'Add a mask' 아이콘(▣)을 클릭하여 빛줄기에 레이어 마스크를 적용한다.

브러시 도구(✎)를 선택하고 옵션바에서 둥글고 경계가 부드러운 브러시를 선택한 다음 크기를 키운다.

ⓓ와 ⓧ를 차례로 눌러 전경색을 '검은색'으로 지정한 다음 빛줄기가 나타나길 원하지 않는 영역을 드래그한다. 예제의 경우, 창 위에 있는 영역을 드래그해서 빛줄기가 창을 통해 들어오는 것처럼 만들었다.

빛줄기가 너무 밝다면, Layers 패널에서 Opacity를 낮춘다. 또한 빛줄기 경계가 너무 선명한 경우, 빛줄기 레이어 섬네일(마스크 섬네일이 아닌 일반 섬네일)을 클릭한 다음 [Filter]-[Blur]-[Gaussian Blur]를 실행한다.

Radius를 '5Pixles'로 설정해서 부드럽게 만든다.

Before

After

# 한 번의 클릭으로 사진을 유화로 만들기

이 효과는 유아, 신부, 반려동물 등을 전문으로 촬영하는 사진가에게 인기가 높으며 풍경이나 여행 사진에도 잘 어울린다. 사진을 유화로 만드는 방법은 매우 쉬우므로 시도할 가치가 있다.

유화 효과 필터는 복잡하고 많은 처리 과정이 적용되기 때문에 변화를 신속하게 볼 수 없지만 대화상자 미리 보기를 통해 설정을 적용한 결과를 즉시 확인할 수 있다.

**STEP 01**

유화로 변환할 사진을 선택한 다음 Ctrl + E 를 눌러 포토샵으로 불러온다. 예제는 프랑스 북부의 몽 생 미셸에서 촬영한 여행 사진이다.

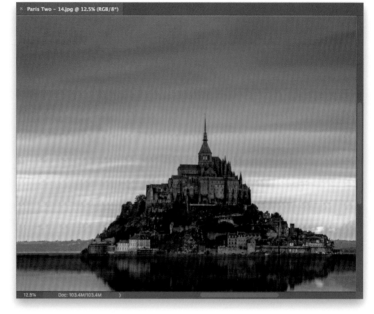

**STEP 02**

[Filter]-[Stylize]-[Oil Paint]를 실행하면 대화상자에서 즉시 유화 효과 기본 설정을 적용한다. 효과를 제대로 확인하기 위해서는 사진을 100% 크기로 확대해야 한다. 사진의 세부 요소는 유지하면서도 유화 느낌을 충분히 살리는 것을 확인할 수 있다. 물론 이 시점에서 [OK] 버튼을 클릭해서 기본 설정을 적용해도 되지만, 다양한 설정 기능으로 유화 효과를 조절할 수 있다.

Stylization을 오른쪽으로 드래그할수록 붓놀림이 길어지고 효과가 부드러워 보인다(낮은 설정일수록 붓놀림이 짧고 선명하다).

슬라이더를 왼쪽 끝까지 드래그하면 유화 효과가 거의 사라지고 사진에 캔버스 질감만 남는다. Stylization을 '9.0'까지 드래그하면, 반 고흐 유화와 같이 효과가 부드러워진다.

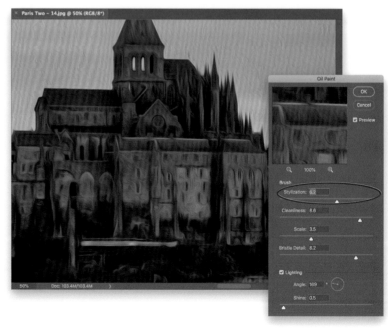

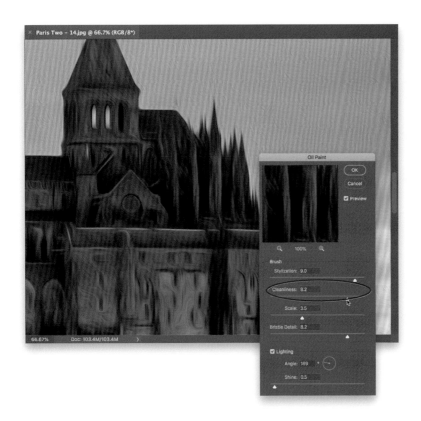

**STEP 03**

Cleanliness는 세부 묘사를 조절하는 옵션이다(이름을 Detail이라고 지었다면 기능을 이해하기 훨씬 쉬웠을 것이다).

깔끔하고 정밀하면서 사실적인 효과를 원하는 경우 슬라이더를 왼쪽으로 드래그한다. 부드러운 유화 느낌을 강조하려면 슬라이더를 오른쪽으로 드래그한다.

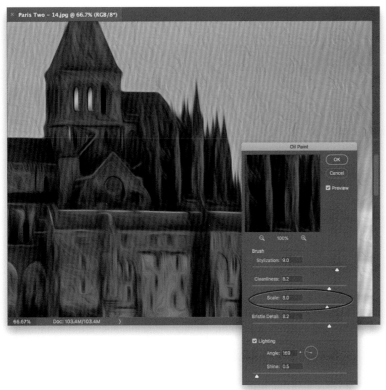

**STEP 04**

Scale은 브러시 크기를 조절하는 옵션이다. 왼쪽으로 드래그하면, 브러시 굵기가 가늘어지고, 오른쪽으로 드래그할수록 굵어져 색다른 효과를 만들 수 있다.

Scale 슬라이더를 오른쪽으로 드래그한 옆 그림과 Step 03 사진을 비교해 보면 붓놀림 크기에 따른 차이를 볼 수 있다.

Bristle Detail은 브러시를 조절해서 사진 전체를 선명하거나 부드럽게 만드는 옵션이다. 왼쪽으로 드래그할수록 붓모의 세밀함이 사라지며, 오른쪽으로 드래그할수록 더 선명하고 세부 묘사가 확연히 나타나며 붓모를 느낄 수 있다. Bristle Detail을 '1.0'으로 설정한 왼쪽 그림과 '10.0'으로 설정한 오른쪽 그림을 비교해 보면 차이를 쉽게 알 수 있다.

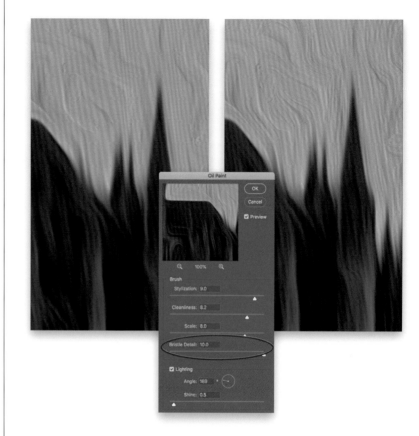

Lighting 항목의 Angle은 그림에 닿는 빛의 각도이다. '0°'에서 '360°'까지 설정할 수 있다.

Tip

**다양한 설정 적용해 보기**

사진에 따라 결과가 천차만별이기 때문에 각 슬라이더를 이리저리 드래그하다 보면 해당 사진에 맞는 최상의 설정 지점을 찾을 것이다. 필자 역시 이러한 방법을 사용한다.

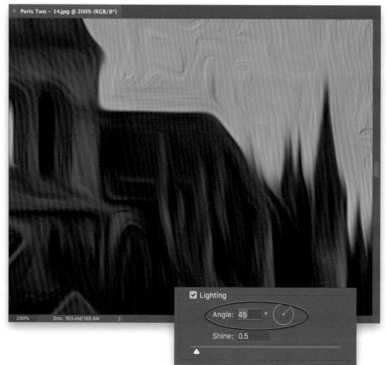

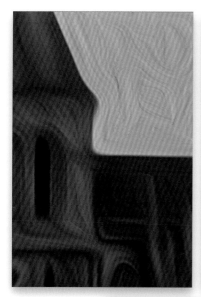

## STEP 07

Shine은 빛의 반사 방식을 조절하는 옵션이다. 슬라이더를 왼쪽으로 드래그할수록 밋밋해지고, 오른쪽으로 드래그할수록 하이라이트와 섀도우 영역의 대비 효과가 강해져 물감을 두껍게 바른 것과 같은 효과를 만든다.

예제에서는 Shine을 '3.5'로 설정했다. 아랫부분에서 유화 필터 효과 적용 전후 사진을 비교해 보자.

### Tip

**유화 느낌 극대화하기**

유화 느낌을 극대화하기 위해 다음 두 가지 방법을 사용해 보자.

① 서명을 한다.
② 캔버스에 출력한다.

유화 필터 적용 전

유화 필터 적용 후

# f/1.2 보케
# 배경 효과
# 만들기

이번에 배울 필터 효과는 사진에 얕은 피사계 심도와 초점 포인트를 원하는 지점에 지정하고 원하는 영역에 블러 효과를 적용하기 때문에 마치 망원 렌즈 조리개를 개방해서 얕은 피사계 심도로 촬영한 것 같은 사신을 만늘 수 있다. 배경에 밝은 영역이 있다면 보케 효과도 만든다.

**STEP 01**

포토샵에서 사진을 불러오고 [Filter]-[Blur Gallery]-[Field Blur]를 실행한다. 작업 환경이 변경되고 사진에 블러 핀이 만들어진다. 블러 핀을 사용하면 선명해야 할 영역을 유지하고 다른 영역에는 강한 블러 효과를 적용할 수 있다.

**STEP 02**

블러 핀을 사진으로 봤을 때 오른쪽에 있는 눈으로 드래그한다. Blur Tools 패널의 Field Blur 항목에서 Blur를 '0px'로 설정해서 블러 효과를 해제한다.
사진을 클릭해서 인물 아랫부분에 블러 핀을 두 개 추가하고 Blur를 '0px'으로 설정했다.

이제 블러 효과를 추가할 차례이다. 피사체 오른쪽에 핀을 추가하고, Blur를 높게 설정해서 흐릿하게 만든다. 예제에서는 '227px'로 설정했다.

블러 핀의 장점은 위치 조절이 가능하다는 것이다. 눈에 만든 핀이 해당 영역을 보호하여 얼굴과 근접한 영역에도 핀을 놓을 수 있으므로 뒤쪽 머리카락과 귀의 초점을 약간 흐리게 만들 때 조절이 쉽다. 직접 시도해 보면 무슨 의미인지 이해할 것이다.

그림과 같이 많은 블러 핀을 추가하고 Blur를 조절해 보자. 배경이 너무 흐릿하다고 판단해서 배경 Blur를 '175px'로 낮추었고, 핀 위치를 이동하기도 하였다.

블러 핀은 캔버스 외부로도 이동할 수 있어 사진 가장자리에 효과를 적용할 수 있다.

블러 핀을 둘러싼 원형을 드래그해도 블러 효과를 조절할 수 있으며 조절할 때 Blur 값이 표시된다.

# 수면에 반영 만들기

물결 이는 수면은 풍경 사진이나 여행 사진을 망치는 요소이다. 거울처럼 비추는 반영이 있는 잔잔한 수면을 만드는 간단한 방법을 배워 보자. 반영을 만드는 단계에서 마무리해도 되고, 한 단계 더 나아가 현실감을 더하는 효과도 추가할 수 있다.

선택은 여러분에게 달렸다. 사진에 따라 반영 효과만 적용하는 편이 더 나을 수도 있다.

포토샵에서 사진을 불러온다. 그림은 노르웨이 로포텐 제도에서 촬영한 것으로 물결로 인해 반영이 생기지 않았다.

사각형 선택 도구(▥, M)를 선택하고 수면 경계선 윗부분 전체를 드래그해서 선택한다. Ctrl +J를 눌러 선택 영역을 복제해 별도의 레이어로 만든다.

새로 만든 레이어를 거꾸로 뒤집어 보자. Ctrl +T를 누르고 변형 상자 안쪽을 마우스 오른쪽 버튼으로 클릭한 다음 [Flip Vertical]을 실행해서 레이어를 거꾸로 뒤집는다. 변형 상자 바깥쪽을 클릭해서 변형을 적용한다.

## STEP 03

거꾸로 뒤집은 레이어로 반영을 만들 것이다.

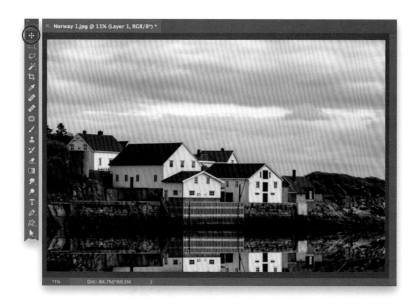

## STEP 04

이동 도구(⊕, V)를 선택한 다음 Shift 를 누른 채 뒤집은 레이어를 예제 사진과 같이 제방 경계와 맞닿는 지점까지 드래그한다. Shift 를 누르고 드래그하는 이유는 오른쪽이나 왼쪽으로 미끄러지는 것을 방지하고 수직으로 드래그하기 위해서이다.

이와 같은 방법으로 반영을 만들고 끝내도 사진은 충분히 보기 좋다. 그러나 여기에서 조금만 더 나아가면 훨씬 더 사실적인 반영을 만들 수 있다.

## STEP 05

[Image]-[Adjustments]-[Levels](Ctrl + L)를 실행하여 거꾸로 뒤집은 반영 사진을 원본 사진보다 부각되어 보이지 않도록 어둡게 보정한다. 예제에서는 Input Levels 가운데 슬라이더를 오른쪽으로 약간 드래그하였고(중간 톤이 어두워진다), Output Levles 오른쪽 슬라이더를 왼쪽으로 약간 드래그하였다.

반영이 시선을 분산시키지 않고 시선이 자연스럽게 밝은 주택들로 유도된다.

## STEP 06

반영이 자연스러워 보이도록 블러 효과를 적용해 보자. [Filter]-[Blur]-[Motion Blur]를 실행한 다음 Angle을 '90°'로 설정하고 Distance를 원하는 강도가 나올 때까지 오른쪽으로 드래그한다.

**STEP 07**

Layers 패널에서 반영 레이어의 Opacity를 낮춘다. 예제에서는 '80%'로 설정하여 원본 사진의 수면이 살짝 나타나도록 보정했다. 아랫부분에서 원본 사진과 보정 후 사진을 비교해 보자.

보정 전

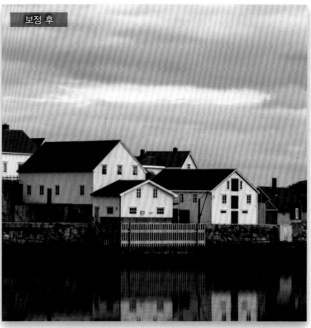

보정 후

# 렌즈 플레어 효과 추가하기

렌즈 플레어는 호불호가 갈리는 효과이다. 이 효과를 싫어하는 이유는 많은 사람들이 인물 사진 촬영에서 렌즈 플레어 현상을 피하기 위해 노력하기 때문이다. 렌즈 플레어 현상을 방지하기 위해 특수 렌즈와 후드를 구입하기도 한다. 그러나 렌즈 플레어 효과는 최근에 인기가 높다.

**STEP 01**

렌즈 플레어 효과를 넣기에 적합한 사진은 맑은 날 역광으로 촬영한 사진이다. 역광 촬영은 까다롭지만, 큰 나무 그림자나 흐린 날씨를 활용할 수 있다.
라이트룸에서 사진을 선택하고 Ctrl + E 를 눌러 포토샵으로 불러온 다음 Layers 패널에서 'Create a new layer' 아이콘(▣)을 클릭하여 새 레이어를 만든다.

**STEP 02**

D 를 눌러 전경색을 '검은색'으로 지정하고 Alt + Delete 를 눌러 빈 레이어를 검은색으로 채운다.

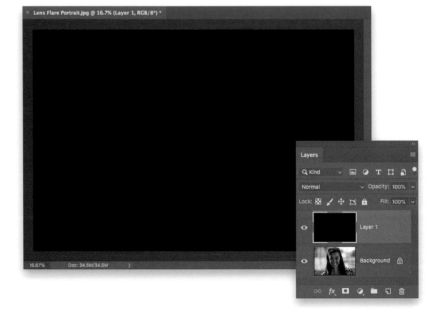

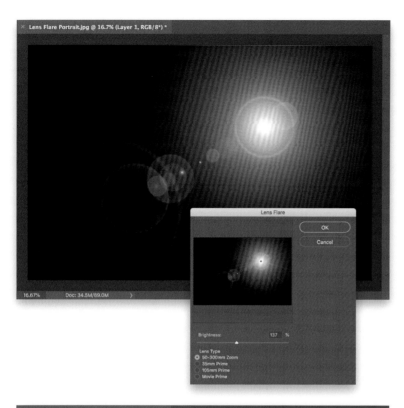

**STEP 03**

[Filter]-[Render]-[Lens Flare]를 실행한다. Brightness를 높게 설정하고, 효과 위치를 설정하기 위해 필터의 미리 보기 내부를 클릭한 다음 원하는 위치로 드래그한다.

필자는 인물 머리 오른쪽 부분이 효과의 시작 지점이 되도록 위치를 맞추었는데 두어 번의 시도가 필요했다. [OK] 버튼을 클릭한 다음 레이어의 Opacity를 낮추면 효과 위치를 확인하기 쉽다.

재조절이 필요하다면 Ctrl + Z를 눌러 설정을 취소하고 명령을 다시 실행한다.

**STEP 04**

Layers 패널에서 블렌딩 모드를 'Screen'으로 변경한다. 효과 위치를 다시 조절해야 한다면 이동 도구(⊕, V)를 선택하고 효과를 원하는 위치로 드래그한다. 그러나 이 방법을 사용하면 렌즈 플레어 레이어 경계선이 보이기 때문에 레이어 마스크를 추가한 다음 경계가 부드러운 브러시를 이용해 레이어 경계를 드래그해서 숨겨야 한다.

효과가 더 자연스럽게 보이도록 색감을 추가해 보자.

Layers 패널에서 'Create new adjustment layer' 아이콘(◑)을 클릭하고 [Photo Filter]를 실행한다.

Properties 패널에서 Filter를 'Warming Filter(81)'로 지정하고 Density를 높인 다음 작업을 마무리한다.

# Blend If로 콜라주 작품 만들기

Layer Style의 Blend If를 다양하게 시도하여 콜라주 작품을 만드는 기법이 인기가 높다. 어떤 결과가 나올지 모른 채 슬라이더들을 이리저리 드래그하는 것은 예술 감각을 자극한다. 멋진 작품을 창조할 수 있는 가능성은 무한대이다. 우리는 콜라주 이미지를 포스터나 예술 작품으로도 많이 접하고 있다. 단순히 재미로 만들어 보는 것도 즐거운 과정이 될 것이다.

**STEP 01**

첫 번째 단계는 콜라주로 만들 사진을 고르는 것이다. 여기서는 네 장의 사진을 선택해서 포토샵으로 불러왔다(필자가 어떻게 사진 네 장을 화면에 배치했는지 궁금할 것이다. 이것은 포토샵 기능으로, [Windows]-[Arrange]-[4-up]을 실행하면 된다).
해군이 성조기를 잡은 사진을 콜라주의 첫째 이미지로 사용할 것이다(이 사진은 애틀랜타 팰컨스의 시범 경기 개막식에서 촬영했다).

**STEP 02**

문신을 한 남자 사진을 클릭하고 Ctrl+A를 눌러 선택한 다음 Ctrl+C를 눌러 복사한다. 해군 사진으로 전환해서 Ctrl+V를 눌러 붙여서 별도의 레이어로 만든다. 문신을 한 남자 레이어 섬네일을 더블클릭해서 [Layer Style] 대화상자를 표시한다.
Blending Options 범주에서 Blend If를 사용할 것이다. 이번 챕터 앞부분에서 Blend If를 이용해 사진 색조를 기반으로 한 레이어를 합성하는 방법을 배웠다. 이 시점에서 단순히 슬라이더만 드래그하여 합성하면, 합성한 영역의 경계가 보일 것이다. 그러나 Alt 를 누르고 드래그하면 조절점이 두 개로 분리되어 부드럽게 합성이 된다.
예제에서는 Alt 를 누른 채 오른쪽 슬라이더를 왼쪽으로 드래그하였다.

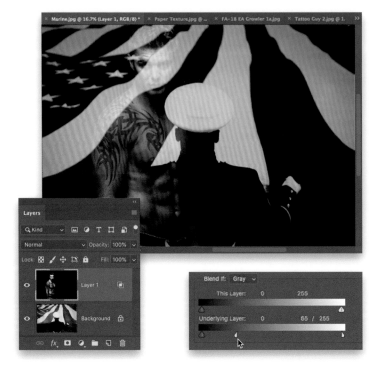

**STEP 03**

왼쪽 아랫부분 슬라이더를 오른쪽 끝까지 드래 그하고 사진에 어떤 변화가 나타나는지 살펴보 자. 사진 일부에 녹색 필드가 나타나기 시작했 으며, Step 02에서는 채도가 낮아졌던 빨간색 이 복구되기 시작했다.

[OK] 버튼을 클릭한다.

**STEP 04**

세 번째 사진인 비행기 이미지를 작업창에 추 가한다. 레이어 섬네일을 클릭하여 [Layer Style] 대화상자를 표시하고 Alt 를 누른 채 각 슬라이더 조절점을 드래그해 본다.

오른쪽 윗부분 슬라이더를 왼쪽으로 드래그하 고, 왼쪽 윗부분 슬라이더를 오른쪽 끝까지 드 래그한 결과가 마음에 들었다. [OK] 버튼을 클 릭한다.

우리는 지금 슬라이더를 드래그하면서 어떤 설 정이 어떤 영향을 미치는지 보기 위해 다양한 시도를 하는 것이다. 실험을 계속 진행해 보자.

## STEP
## 05

이번 사진은 어도비 스톡에서 다운로드한 종이 이미지이다. 이미지를 작업창에 추가한다. Layers 패널에는 총 네 개의 레이어가 있다. 레이어 이름 오른쪽에 두 개의 사각형은 Blend If를 사용했다는 것을 의미한다.

## STEP
## 06

이번에는 텍스트 이미지를 다른 사진들과 합성해 보자. 레이어 섬네일을 더블클릭한 다음에는 무엇을 해야 하는지 알 것이다.

예제 사진에서는 왼쪽 아랫부분 슬라이더를 분할해서 오른쪽 끝까지 드래그했다(오른쪽 아랫부분 슬라이더 아래에 숨겨져 있다). 그리고 오른쪽 윗부분 슬라이더를 분할해서 거의 왼쪽 끝까지 드래그했다. 그 결과 종이의 질감은 거의 사라지고 텍스트만 나타난다.

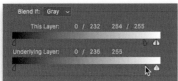

## STEP 07

슬라이더들을 조절해 어떤 결과가 나오는지 실험해 보자. 맨 위의 레이어가 여전히 활성화되어 있는 상태에서 오른쪽으로 드래그한 왼쪽 아랫부분 슬라이더의 반을 왼쪽으로 약간 드래그한 다음 오른쪽 윗부분 슬라이더의 반을 오른쪽으로 드래그했다.

그리고 왼쪽 윗부분 슬라이더를 분할해서 오른쪽 끝까지 드래그했다. 그 결과, 노란색 종이 질감이 약간 더 나타났다.

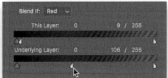

## STEP 08

Layers 패널에서 레이어 순서를 바꾸는 것 또한 영향을 미친다. Blend If를 'Gray' 대신 'Red', 'Green', 'Blue'와 같은 다른 채널로 지정하는 것도 다른 결과가 나오게 한다.

그림은 Blend If를 'Red'로 지정한 이미지이다. 이번 프로젝트는 다양한 실험을 통해 창의력이 있는 새로운 시도를 하는 것이 목표인 점을 기억하자.

# 긴 노출로 촬영한 느낌 만들기

긴 노출로 야간에 촬영하는 것은 사진사에게 고통스러운 과정일 수 있다. 필자는 낮에 긴 노출로 촬영하고, 약간의 광원을 보이게 하여 야간에 촬영한 건축 사진으로 보이게 만드는 방법을 고안했다. 물론 최고의 프로 건축 사진가들이 사용하는 방법을 뛰어 넘지는 못하지만, 꽤 만족스러운 결과를 얻을 수 있다.

**STEP 01**

예제는 런던 금융가에서 촬영한 사진이다. 포토샵 Camera Raw Filter의 흑백 프로필을 사용해서 흑백 사진으로 변환했다(라이트룸에서도 동일한 기능으로 흑백 변환이 가능하다).
이 사진을 촬영한 날은 흐렸기 때문에 Camera Raw Filter의 Whites와 Highlights를 높게 설정해서 회색 하늘을 완전히 흰색으로 만들었다.

**STEP 02**

가장 먼저 하늘을 선택해야 한다. 사진에 직선이 많기 때문에 다각형 올가미 도구(☑, Shift +L)를 사용했다.
오른쪽 건물 윗부분 가운데 영역의 곡선 부분은 짧은 직선 형태로 드래그하여 연결했다. 놓친 영역은 Shift 를 누른 채 드래그해서 추가하고 원하지 않는 영역은 Alt 를 누른 채 드래그하여 제거한다.
선택을 마치면 Layers 패널에서 'Create a new layer' 아이콘(🖼)을 클릭해서 새 레이어를 만든다.

**STEP 03**

D를 눌러 전경색을 '검은색'으로 지정하고 Alt + Delete를 눌러 하늘에 검은색을 채운다. Ctrl + D를 눌러 선택을 취소하고 Ctrl + E를 눌러 레이어를 병합한다.

**STEP 04**

Layers 패널에서 새 레이어를 추가하고 Alt + Delete를 눌러 레이어 전체를 검은색으로 채운다.

**STEP 05**

검은색 레이어의 블렌드 모드를 변경해서 어둡고 극적이면서도, 약간의 빛이 건물에 닿는 하늘을 만들어 보자.

예제에는 'Overlay' 블렌드 모드가 어울린다. 블렌드 모드 이름에 마우스 포인터를 올려 실시간 미리 보기를 통해 확인한 다음 블렌드 모드를 적용해 보자.

Ctrl + E 를 눌러 레이어를 'Background' 레이어와 병합한다.

**STEP 06**

사진 가장자리를 어둡게 만들기 위해 [Filter]-[Camera Raw Filter](Shift + Ctrl + A)를 실행한다.

오른쪽에서 'Effects' 아이콘(fx)을 클릭하여 패널을 표시하고 Post Crop Vignetting 항목의 Amount를 거의 왼쪽 끝까지 드래그한다. 필자는 가장자리 어두운 영역이 가운데를 향해 더 멀리 확장되도록 Midpoint도 꽤 낮추었다.

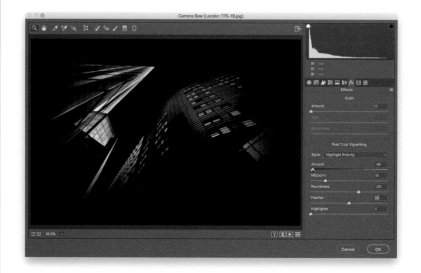

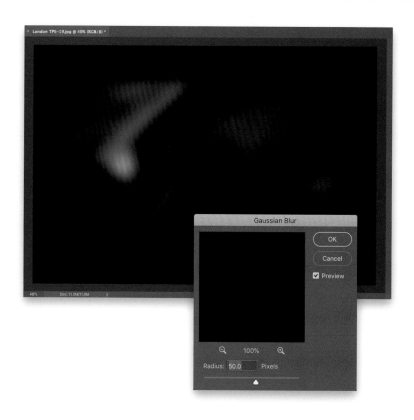

STEP
07

사진을 부드럽게 보정하기 위해 다음 과정을 해 보자.

Ctrl + J 를 눌러 'Background' 레이어를 복제하고 [Filter]-[Gaussian Blur]를 실행한 다음 Radius를 '50Pixels'로 설정한다. [OK] 버튼을 클릭한다.

STEP
08

흐릿한 이미지 레이어의 블렌드 모드를 지정한다. 예제에서는 'Soft Light'로 지정했다. 그러나 판단은 여러분의 몫이다.

블렌딩 모드가 사진을 더 어둡게 만들어 남은 빛을 극적으로 만들었다. 원본 사진과 비교해 보면 많은 변화가 보인다. 이 방법은 편법에 가깝지만 긴 노출로 촬영하는 것보다 훨씬 빨리 원하는 효과에 근접한 결과를 얻을 수 있다.

## Chapter 07

# 샤프닝 기법 사용하기

## SHARPEN

'Sharpen'이라는 제목의 영화를 찾다니 얼마나 멋진 일인가? 그래서 2011년에 나온 이 영화 제목이 이번 챕터 제목이 되었다. 너무 완벽하다.

그러나 영화 내용은 그다지 흥미로워 보이지 않았다. '한 소년과 가족이 겪은 고통스러운 경험'이라고 소개되어 있다. 지루하다. 영화를 보지 않았지만 장담하건대 필자가 어린 시절 겪은 고통이 훨씬 더 심할 것이라고 생각하기 때문에 여기에 풀어 놓기로 했다.

필자는 어릴 때 비행기를 타 보는 것이 꿈이었다. 목적지는 중요하지 않았다. 그저 비행기 승객이 된다는 것이 한 소년이 가질 수 있는 최고의 꿈이었다.

필자의 형은 비행기를 여러 번 타 보았지만 필자는 항상 뒤에 남겨졌다. 그런데 어느 날 필자의 생일에 부모님께서 세 가족이 비행기를 타고 뉴욕에 가게 되었다고 알려 주셨다. 드디어 꿈이 이루어지게 된 것이다. 출발 전날 밤에는 잠을 이룰 수 없었다. 공짜 스낵과 음료수를 먹는 상상을 계속하고, 승무원에게 필자가 얼마나 착한 아이인지 보여 주겠다고 결심했다. 그리고 복잡한 기계들과 다이얼이 잔뜩 있는 조종실을 보여줄 수 있는지, 혹시 날개 모양의 핀도 받을 수 있는지 부탁할 것이다. 틀림없이 너무 흥분해서 비행기 바닥에 기절할 것이다.

공항에서 승객들이 탑승을 시작했는데, 우리는 바로 탑승하지 않았다. 그래서 어머니께 왜 탑승하지 않는 것인지 여쭤어 보니 "우리는 사우스웨스트 항공 비행기를 탄단다. 이 비행기에는 퍼스트 클래스가 없어."라고 답하셨다. 눈물이 나려고 했지만, 필자는 꾹 참고 아버지께 물었다. "아빠, 우리는 최소한 좌석을 완전히 펴서 누울 수 있는 비즈니스 클래스지요?", 부모님은 쿡쿡 웃으시더니 "우리는 이코노미 클래스에 탄단다."라고 말했다.

필자는 눈물을 쏟기 시작했고, 소리를 지르고 욕을 하며 어머니의 정강이를 찼다. 어머니는 우시고, 정강이에서는 피가 흘렀다. 그때 직원이 와서 전기 충격기로 우리 둘을 제압했다. 이코노미 클래스라니, 말도 안 된다. 어때, 'Sharpen' 소년? 네 이야기가 이보다 더 고통스러워?

# Unsharp Mask 필터 사용하기

라이트룸 [Develop] 모듈의 Detail 패널에는 샤프닝 기능이 있는데, 왜 사람들은 포토샵에서 샤프닝을 적용하는 것을 선호할까? 주요 요인은 라이트룸보다 포토샵에서 샤프닝을 더 잘 볼 수 있기 때문이다. 라이트룸에서 샤프닝 효과를 제대로 확인하려면 사진을 100%로 확대해야 하지만 포토샵에서는 배율과 상관 없이 쉽게 확인할 수 있다. 그리고 다양한 샤프닝을 쉽게 적용할 수 있다는 장점이 있다. 가장 많이 사용되는 Unsharp Mask 필터부터 알아보자.

**STEP 01**

라이트룸에서 사진을 선택하고 Ctrl + E 를 눌러 포토샵으로 불러온다. [Filter]-[Sharpen]-[Unsharp Mask]를 실행한다. 필터 이름을 보면 반대의 효과를 떠올릴 수 있겠지만 과거 암실 기법에서 빌려온 이름이다.

**Note**

필자는 라이트룸에서 이미 샤프닝을 적용한 RAW 형식 사진이나 카메라에서 기본 샤프닝을 적용한 JPEG 형식 사진에 이 샤프닝 필터를 추가 적용한다. 촬영 단계에서 손실되는 선명도를 복구하기 위해 카메라에서 적용하는 기본 샤프닝을 '캡처 샤프닝'이라고 하며, 편집 프로그램에서 추가 적용하는 샤프닝은 사진을 선명하게 만들기 위한 '임의 샤프닝'이다.

**STEP 02**

[Unsharp Mask] 대화상자 옵션을 알아보자.
❶ Amount: 샤프닝 강도를 조절한다.
❷ Radius: 영향을 미치는 범위를 설정한다.
❸ Threshold: 근접한 픽셀의 명암차인 경계 범위를 조절한다. 설정이 낮을수록 효과가 강해진다.

여기서는 필자가 많이 사용하는 다섯 가지 설정을 소개하겠다.
• Amount: 120, Radius: 1, Threshold: 3
일반적으로 적용하는 설정으로, 이 설정은 과하지 않고, 부족하지도 않은 강도이다. 50메가 픽셀 정도의 초고해상도 카메라를 사용한다면, Radius를 '1.1~1.2Pixels'로 설정한다.

일반적인 샤프닝

인물 사진 샤프닝

풍경 사진 샤프닝

강력한 샤프닝

웹 사진 샤프닝

**STEP 03**

다음은 특수한 경우에 사용하는 설정이다.

• Amount: 100, Radius: 1.1, Threshold: 10
피부에는 영향을 미치지 않고 눈, 입술, 눈썹 등
과 같은 세부 영역을 선명하게 보정할 수 있다.

• Amount: 150, Radius: 0.7, Threshold: 4
높은 강도와 좁은 적용 범위의 설정으로, 풍경
사진에 적합하다.

• Amount: 65, Radius: 3, Threshold: 2
세부 요소들이 많은 피사체 사진에서 세부 요
소를 부각하고 싶은 경우 사용한다.

• Amount: 50, Radius: 0.8, Threshold: 4
크기를 축소한 사진이 선명하지 않은 경우에
사용한다. 미약한 강도의 샤프닝으로 크기를 재
조절할 때 손실된 선명도를 복구한다.

**Tip**

**샤프닝 미리 보기**

Unsharp Mask 필터를 사용할 때 다음 두 가지 미
리 보기로 효과를 확인할 수 있다.
① 화면 사진에서 바로 효과를 확인할 수 있다.
② 대화상자 작은 미리 보기 창에서 확대한 일부
   영역에 미치는 영향을 확인할 수 있다. 창 내부
   를 클릭하고 누르면 샤프닝을 적용하기 전의 사
   진을 볼 수 있다.

보정 전

보정 후

# Smart Sharpen으로 똑똑한 샤프닝하기

포토샵 1.0부터 있던 Smart Sharpen은 Unsharp Mask보다 나은 수학적 알고리즘을 사용해 노이즈, 사물의 경계에 나타나는 헤일로 현상, 샤프닝을 적용한 영역에 생기는 점이나 부작용을 방지하면서도 더 강한 샤프닝을 적용할 수 있다. 그런데도 왜 사람들은 Unsharp Mask 필터를 사용할까? 그것은 Unsharp Mask가 전통적인 샤프닝이며, 오랫동안 사용되어 왔고, 사용법이 익숙하기 때문이다.

Smart Sharpen은 Unsharp Mask 필터와 근접해 있으므로 찾기 쉽다. **[Filter]-[Sharpen]-[Smart Sharpen]**을 실행해 대화상자를 불러온다.

> **Tip**
>
> **설정을 프리셋으로 저장하기**
>
> 마음에 드는 설정은 프리셋으로 저장한다. Preset을 'Save Preset'으로 지정하고 이름을 설정한 다음 [Save] 버튼을 클릭하면 이후 Preset에서 해당 설정을 사용할 수 있다.

샤프닝은 과도하게 적용하면 사물 경계선이 밝게 표시되는 헤일로 현상이 나타난다. 그러나 Smart Sharpen 필터의 진화된 알고리즘은 헤일로 현상을 최대한 방지하면서도 높은 샤프닝을 적용할 수 있도록 돕는다.

그러면 어느 정도까지 샤프닝 설정을 적용할 수 있을까? 어도비는 Amount를 최소한 '300%'까지 높이고, Radius를 경계에 헤일로 현상이 나타나기 시작하는 지점까지 오른쪽으로 드래그하다가 헤일로 현상이 나타나면 슬라이더를 현상이 사라지는 지점까지 왼쪽으로 약간 드래그하기를 추천한다.

[Smart Sharpen] 대화상자는 크기 조절이 가능하다. Step 03처럼 최대 크기로 확장하면 편리하다.

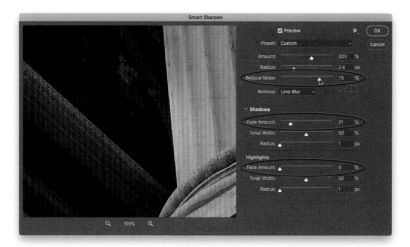

**STEP 03**

Radius 설정을 완료한 다음, Amount를 원하는 샤프닝 강도가 되거나 헤일로 현상이 나타날 때까지(300% 이상) 드래그한다. 예제는 '300%'로 설정하였다. Remove는 'Lens Blur'로 지정한다. 'Gaussian Blur'는 기본적으로 Unsharp Mask 필터와 동일한 연산을 사용하기 때문에 차이가 없다. 'Motion Blur'는 정확한 모션 블러 각도의 설정이 필요한 경우에만 지정하지만, 그런 경우는 희박할 것이다.

**STEP 04**

샤프닝을 적용하면 노이즈가 더 잘 보이는데 Reduce Noise로 노이즈를 조절할 수 있다. 이 슬라이더의 목적은 노이즈를 줄이는 것이 아니라 노이즈 증가 없이 강한 샤프닝을 적용하는 것이다. 샤프닝을 적용하고 노이즈가 샤프닝을 적용하기 전의 상태로 보일 때까지 슬라이더를 오른쪽으로 드래그한다. 이 필터 사용에 숙달되면, Shadows/Highlights 항목을 펼치고 Fade Amount를 오른쪽으로 드래그해서 하이라이트나 섀도우 영역의 샤프닝을 감소시킨다.

적용 전

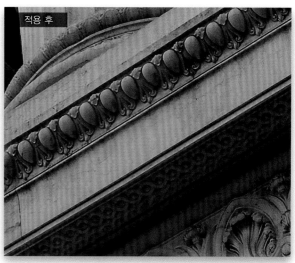

적용 후

# High Pass 샤프닝으로 경계 부각하기

이 샤프닝 필터는 사진에 있는 경계를 부각하여 마치 고강도의 샤프닝을 적용한 것처럼 보이게 만든다.
풍경 사진가나 도시 사진가, HDR 사진가, 그리고 미세한 세부 묘사가 필요한 사진을 촬영하는 사진가들에게 인기가 높다.

## STEP 01

고강도 샤프닝을 적용하고 싶은 사진을 포토샵으로 불러온다. 예제는 스페인 바르셀로나에 있는 시장을 초광각 렌즈로 촬영했다.
Ctrl + J 를 눌러 'Background' 레이어를 복제하고 [Filter]-[Other]-[High Pass]를 실행한다.

## STEP 02

[High Pass] 대화상자에서 Radius 슬라이더를 왼쪽 끝까지 드래그했다가(사진 전체가 회색으로 변함) 사진에서 사물 경계가 선명하게 나타나는 지점까지 슬라이더를 오른쪽으로 드래그한다. 슬라이더를 더 드래그할수록 샤프닝이 강해지지만 너무 멀리 드래그하면 거대한 글로우 효과가 나타나 효과가 감소되므로 주의한다. 필자는 보통 '1~3Pixels'으로 설정하지만, 높은 메가픽셀 카메라를 사용한다면 선명한 경계를 얻기 위해 '4Pixels' 이상으로 설정하는 경우도 있다.

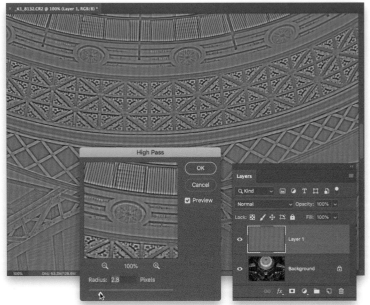

샤프닝 효과가 사진에 나타나게 만들기 위해 다음 세 가지 블렌드 모드 중 하나를 적용한다.

❶ Hard Light: 가장 강한 샤프닝 효과이다.

❷ Overlay: 쨍한 느낌의 샤프닝 효과를 만들며, 필자가 가장 많이 선택하는 모드이다.

❸ Soft Light: 세 가지 중 가장 약한 샤프닝 효과이다.

예제 사진에는 블렌드 모드를 'Hard Light' 로 지정해 보니 꽤 강한 샤프닝이 적용되었다. 'Overlay'로 변경해 샤프닝 강도 변화를 비교해 보자. 또한, 만약 샤프닝이 너무 강해 보인다면, 복제 레이어의 Opacity를 낮추거나 블렌드 모드를 약한 샤프닝을 적용하는 'Soft Light'로 변경해 본다.

적용 전

적용 후

# Shake Reduction 카메라 흔들림 보정하기

카메라 흔들림은 셔터가 열려 있는 동안 움직임 때문에 생기는 현상으로 보통 손 떨림이 있을 때 생기고, 어두운 광원에서 긴 노출로 촬영할 때 심화된다.
이러한 흔들림을 보정하는 기능이 있다. Shake Reduction 필터는 노이즈가 많지 않고, 적정 노출에 가까우며, 플래시를 사용하지 않은 사진에서 더 탁월한 결과를 얻을 수 있다.

**STEP 01**

카메라의 흔들림에 의해 흐릿해진 사진을 불러온다. 예제는 필자가 베니스에서 길을 걷다가 상점 진열창에서 아름다운 꽃을 발견하고 찍은 사진으로, 그늘진 곳인데다가 카메라를 안정적으로 들지 않았기 때문에 흔들렸다.
사진을 줌 인하지 않으면 괜찮지만, 확대하면 흔들린 것을 알 수 있다.

**STEP 02**

사진을 줌 인하면 카메라가 흔들린 것이 확실히 보인다. 꽃은 움직이지 않았으므로 필자가 카메라를 제대로 들고 있지 않았다는 것을 알 수 있다.
이 문제를 보정하기 위해 [Filter]-[Sharpen]-[Shake Reduction]을 실행한다.

## STEP 03

대화상자가 표시되고 사진이 분석된다. 분석은 가장 많이 흔들리는 영역인 사진 가운데에서 시작하여 바깥쪽을 향해 진행한다. 분석을 시작하면 대화상자 오른쪽 아랫부분의 작은 미리보기 창에 진행 바가 나타난다. 계산을 완료하면 흔들림 자동 보정 결과를 보여 준다.

예제 사진의 경우 100% 선명하게 보정되지는 않았지만 꽤 만족스러운 결과가 나타났다.

대부분 이 정도의 보정만으로 충분하다.

## STEP 04

기본 보정으로 충분하지 못한 영역이 있다면, 블러 반영 영역을 추가해서 보정을 시도할 수 있다.

Blur Estimation 도구()를 선택하고(원래 기본적으로 선택되어 있다), 적절한 강도의 대비가 있는 영역을 드래그해서 선택한다(예제에서는 왼쪽 윗부분과 오른쪽 등이 있는 영역을 더 추가했다). 또한 선택 영역 내부를 클릭하고 드래그해서 위치를 이동할 수 있다. 설정을 완료하면 [OK] 버튼을 클릭한다.

> **Tip**
>
> 필자는 Shake Reduction 필터로 보정을 완료한 다음 Unsharp Mask 필터로 추가 샤프닝을 적용했다.

보정 전

보정 후

# 샤픈 도구로 창의적인 샤프닝하기

창의적 샤프닝(시선을 원하는 영역으로 유도하거나, 특정 영역에만 샤프닝을 적용하고 나머지 영역에는 과도한 샤프닝을 적용하지 않는 선택적 샤프닝)을 적용하는 방법이 있다.

샤픈 도구는 포토샵에서 가장 섬교한 샤프닝 기능으로 창의적 샤프닝에 사용하기 적합하다.

**STEP 01**

창의적 샤프닝을 적용할 사진을 포토샵으로 불러온다. 예제 사진은 주문 제작한 모터사이클 뒷부분을 촬영한 것이다.
샤픈 도구(△)를 선택한다.

**STEP 02**

샤프닝을 적용할 때 더 잘 볼 수 있도록 Ctrl +±를 눌러 사진을 확대한다.
옵션바에서 'Protect Detail'이 체크되어 있는지 확인한다. 이 기능에 체크 표시하면 훨씬 나은 결과를 얻을 수 있다.
이제 브러시로 샤프닝을 적용할 영역을 드래그한다. 예제에서는 바퀴 가운데 로고를 드래그했다. 이 도구는 과도한 샤프닝을 적용하므로 노이즈가 생기기 쉽기 때문에 주의해서 사용해야 한다. 그렇기 때문에 도구의 효과를 잘 볼 수 있도록 사진을 최소한 50%로 확대하고 샤프닝이 과하지 않은지, 노이즈가 나타나지는 않는지 확인하면서 보정하는 것이 중요하다.

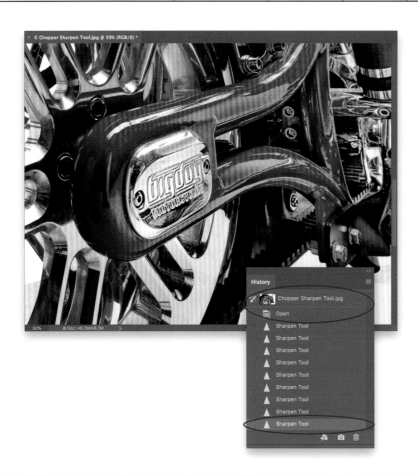

이번 프로젝트는 작은 영역들을 드래그하는 것이 목적이다. 세부 요소들이 선명해지면 사진 전체가 선명한 것처럼 보이기 때문이다. 특히 필자는 글자가 있는 영역 위주로 드래그한다. 또한 예제와 같은 모터사이클 사진은 대형 너트를 드래그하면 좋다.

사진마다 다르기 때문에 어느 요소에 샤프닝을 적용해야 하는지 정의하기는 어렵지만, 시선을 끌기 좋은 흥미로운 요소를 선택하여 샤프닝을 적용하자. 이러한 점을 이해하고 있다면 부분 샤프닝 기법을 시선 유도에 사용할 수 있다.

아랫부분에 적용 전후 사진을 나란히 배치했다. 두 사진을 보면 선택적 샤프닝이 만드는 차이를 느낄 수 있다.

적용 전후를 빠르게 비교하고 싶다면, 포토샵의 History 패널에서 가장 윗부분에 있는 [Open]을 클릭하면 원본 사진을 볼 수 있다. 패널 가장 아랫부분에 적용한 마지막 명령을 실행하면 적용 후 사진으로 돌아간다.

적용 전

적용 후

## Chapter 08

# 방해 요소 제거하기

## DON'T MOVE

'Don't Move'는 영화 제목, TV 프로그램 제목, 노래 제목이 아닌 영화 대사를 사용한 것이다. 생각해 보니 동일한 제목의 영화나 TV 프로그램이 있을 수도 있다. 한번 확인해 봐야겠다. 잠시 기다려 주기 바란다.

아하! 찾아봤더니 'Don't Move'라는 제목의 영화가 세 개나 된다(하나는 단편 영화이며, 하나는 제목 뒤에 'video'가 붙어서 확실하지 않다). 그러나 이 단편 영화를 좀 아는데, 'Don't Move'는 원래 'Non ti muovere'라는 제목으로 개봉했으며, 한 가난한 여성이 상류 계급 의사와 얽히게 되는 줄거리이다.

꽤 흥미롭다. 제작사가 왜 이 영화 제작을 수락했는지 알고 싶다. 영화 포스터를 보고(궁금하다면 여러분도 구글 검색을 통해 찾아보기 바란다) 왜 인기가 높았는지 알겠다. 포스터가 꽤 화끈하다. 왜 화끈하냐고? 그 이유를 알려 주겠다. 바로 이탈리아 영화이기 때문이다.

이탈리아인들은 다혈질이다. 그것을 어떻게 아냐고? 소수의 지인에게만 사실을 알려주겠다. 이 이야기를 들으면 필자와 다혈질의 이탈리안 혈통에 대한 생각이 달라질 수도 있다. 필자는 위험을 무릅쓰고 필자의 과거 일부를 밝히려고 하며, 그래야만 필자가 미래로 나아갈 수 있을 것이다.

필자는 젊은 시절에 어떤 도움도 필요하지 않았다. 그러나 그 시절은 흘러갔고, 자신감을 잃었다. 지금은 마음을 고쳐먹고 활짝 열었다. 바로 이것이 필자의 개인사이다. 털어놓으니 후련하다. 필자가 일어설 수 있도록 곁에 있어 주고 도움을 준 여러분에게 감사드린다.

영화 'Don't Move' 마지막 장면에서 비가 내리는 밤에 남자 주인공이 여자 주인공에게 말한다. "이것은 스콧의 책에 들어갈 위대한 챕터의 서문이 될 거야." 영화 크레딧이 올라가면서 화면이 검은색으로 페이드아웃된다. 실화이다. 의심스럽다면 구글에서 검색해 봐도 좋다.

# 자동으로
# 관광객 제거하기

촬영 단계에서 필요한 요건만 충족한다면 나머지는 포토샵이 마법과 같은 기능으로 몇 초 안에 사진에서 모든 관광객을 사라지게 만들 것이다. 촬영할 때 해야 하는 것은 간단하다.

움직이지 말고(삼각대 사용 추천) 10~15초마다 사진을 찍는 것이다.

이 기능은 사진을 분석해서 이동하는 요소를 제거하는 기능이기 때문에 서 있는 사람은 제거하지 않으므로, 서 있는 사람에게 이동해 달라고 정중하게 부탁해 보자.

라이트룸에서 관광객을 제거할 사진을 일괄 선택한 다음 Ctrl+E를 누르고 포토샵으로 불러온다.

불러온 사진은 창 윗부분에 각각 분리된 탭으로 나열되며, 화면에는 하나의 사진만 보인다. 여러 장의 사진을 함께 보려면 [Window]-[Arrange]-[6-up]을 실행한다. 사진 여섯 장이 한꺼번에 화면에 배치된다.

필자는 총 열두 장의 사진을 불러왔는데 아쉽게도 [Arrage] 메뉴에는 열두 장짜리 선택 항목이 없다.

모든 사진을 포토샵에서 열고 [File]-[Scripts]-[Statistics]를 실행한다. 이 메뉴에서 한 가지 설정만 바꾸면, 여행 사진가의 조력자로 만들 수 있다.

예제 사진은 마이애미에서 주차된 두 대의 차 사이에 삼각대를 세우고 찍은 것이다. 사진 속 저택에 항상 관광객이 몰리는 이유는 바로 이곳이 이탈리아 디자이너 베르사체 저택으로 알려진 카사 카수아리나 빌라이기 때문이다.

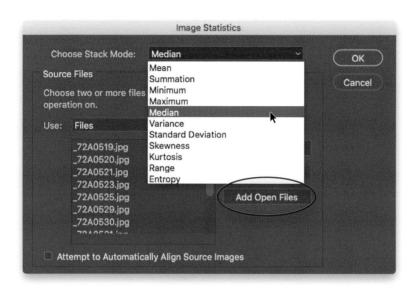

**STEP 03**

[Image Statistics] 대화상자에서 [Add Open Files] 버튼을 클릭하면 라이트룸에서 불러온 사진들을 사용한다. 그리고 윗부분의 Choose Stack Mode를 'Median'으로 지정한다. 만약 카메라를 손으로 들고 촬영한 경우 'Attempt to Automatically Align Source Images'에 체크 표시하여 사진을 자동으로 정렬한다. 예제 사진들은 삼각대를 사용해서 촬영했기 때문에 이 기능을 체크할 필요가 없다.
[OK] 버튼을 클릭한다.

**STEP 04**

몇 초 후(초고해상도 사진은 시간이 조금 더 걸린다) 관광객이 사라진 사진이 나타난다. 보통 그림과 같이 만족스러운 결과를 얻을 수 있지만 남은 요소가 있다면, 크기가 작은 경우 복구 브러시 도구( )로 제거하고 큰 요소는 스탬프 도구( , S)로 제거한다.
그러나 추가 보정을 하기 전에 Layers 패널 메뉴에서 **[Flatten Image]**를 실행해 사진들을 병합한 다음 보정한다.

# 스탬프 도구로
# 방해 요소
# 제거하기

포토샵의 스탬프 도구는 팔방미인이다. 고치고, 덮고, 복제하고, 방해 요소까지 마법처럼 제거한다. 유리창이 깨진 건물 사진이 있다면 근접한 창을 복제해서 깨진 창에 붙이면 된다. 벽에 두 개의 등이 있는데, 세 개로 만들고 싶을 때도 스탬프 도구를 사용한다. 벽에 난 구멍을 메우거나 찢어진 사진 모서리도 고칠 수 있다. 이 작은 도구가 할 수 없는 일은 거의 없다. 스탬프 도구는 포토샵 1.0부터 25년 이상 유용한 도구의 역할을 훌륭히 수행하고 있다.

## STEP 01

먼저 '복제'를 정확히 이해하고 나면 스탬프 도구를 단순한 복제 도구 이상으로 다양하게 활용할 수 있다. 예제에서는 오른쪽 경비병을 복제하여 왼쪽 초소 앞에 세워 보자.

스탬프 도구(⬛, S)를 선택하고 Alt 를 누른 채 경비병의 팔꿈치를 클릭한다. 스탬프 포인트를 추가해서 복제할 영역 시작 위치를 설정하는 작업이다.

## STEP 02

경비병이 반대편 초소 앞에 나타나게 만들기 위해 오른쪽 경비병 반대편에 동일한 높이와 위치에서 드래그를 시작한다. 마우스 포인터를 반대편 초소 오른쪽에 놓으면, 둥근 브러시 포인터 안쪽에 미리 보기 이미지가 나타난다.

실시간 미리 보기 기능을 이용해 반대편 경비병과 동일한 높이와 위치를 정확히 맞춰 드래그할 수 있기 때문에 편리하다.

**STEP 03**

브러시를 반대편 경비병 팔꿈치와 동일한 높이로 맞춘 다음 복제 경비병을 드래그하기 시작한다. 드래그하면서 반대편의 원본 경비병을 보면, 작은 십자선 포인터가 있다(예제에서 빨간색 원으로 표시한 곳). 십자선 포인터는 원본 어디를 복제하고 있는지 보여 주며, 둥근 브러시는 복제를 적용하는 영역을 보여 준다.

예제에서는 단 몇 초 만에 경비경을 복제했다. 단, 십자선이 닿는 영역을 모두 복제하기 때문에 경비병과 근접한 영역을 너무 많이 드래그하지 않도록 주의한다.

이제 스탬프 도구를 실제로 활용해 보자.

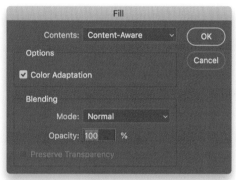

**STEP 04**

예제는 자연광에서 촬영한 인물 사진으로 배경 오른쪽에 있는 건물을 제거하고 싶다. 가장 빠른 방법은 올가미 도구로 난간을 포함한 건물을 선택하고 포토샵의 Content-Aware Fill 기능으로 제거하는 것이다. Content-Aware Fill은 174쪽에서 자세히 알아볼 것이다.

올가미 도구(◉, ①)를 선택하고 제거할 영역을 선택한 다음 [Edit]-[Fill](Shift + F5)을 실행한다. [Fill] 대화상자가 표시되면 Content를 'Content-Aware'로 지정하고 [OK] 버튼을 클릭한다.

**STEP 05**

Ctrl + D 를 눌러 선택을 해제한다. 건물은 제거되었지만, 그 과정 중 난간까지 제거되었다. 보통 Content-Aware Fill 기능은 난간과 같은 요소를 교체하는 데 탁월하지만, 필자의 생각으로는 배경의 건물이 너무 흐릿해서 이런 결과가 나온 것 같다. 하지만 스탬프 도구로 쉽게 복구할 수 있다.

**STEP 06**

스탬프 도구(🔲, S)를 선택하고 브러시 크기를 그림과 같이 작게 설정한다. 브러시 크기는 [, ]로 조절할 수 있다. Alt 를 누른 채 남은 난간의 가장자리를 클릭하고 사라진 난간이 있는 영역을 드래그하기 시작한다. 드래그하기 전에 브러시 포인터 내부 미리 보기 이미지를 확인하고 드래그해서 난간을 자연스럽게 연결한다.

예제를 보면 왼쪽 십자선 포인터가 있는 영역을 그대로 복제해서 빈 난간을 채우는 것을 알 수 있다.

아랫부분 난간도 보정이 필요한데 복제가 가능한 부분이 없다. 그러나 이런 문제도 쉽게 해결할 수 있다.

**STEP 07**

아랫부분의 난간에는 복제할 수 있는 영역이 없으므로 윗부분 난간을 복제한다. 스탬프 도구로 이와 같이 일부 영역을 다른 영역으로 쉽게 복제할 수 있을 뿐 아니라 다른 사진에 있는 영역도 복제할 수 있다. 그러므로 난간이 제대로 있는 다른 사진이 있다면, 그 사진을 불러와(현재 보정하고 있는 사진은 닫지 않고 그대로 둔다) Alt 를 누른 채 다른 사진에 있는 난간을 선택하고, 보정하고 있는 사진으로 전환해 드래그해서 난간을 복제하면 된다.

**STEP 08**

예제와 같이 두 개의 난간 복제를 완료해 보정을 마무리한다.

**Tip**

예제 사진과 같이 직선 요소를 복제하고 있는데 갑자기 이상해 보이거나 복제가 멈춰진다면, 십자선이 더 이상 진행할 수 없는 위치에 닿아 시작 지점으로 돌아가 복제를 하기 때문이다. 존재하지 않는 요소를 복제할 수는 없다. 그러한 현상이 나타나면 드래그를 멈추고 샘플 영역을 재설정한 다음 다시 드래그하기 시작한다.

# 패치 도구로
# 넓은 영역
# 제거하기

스팟 복구 브러시 도구나 일반 복구 브러시 도구는 잡티나 전깃줄과 같이 작은 방해 요소를 제거하기에 적합하다. 물론 넓은 영역을 차지하고 있는 요소도 제거할 수도 있지만, 패치 도구와 같이 넓은 영역 제거를 위해 만들어진 도구를 사용하면 작업 시간과 수고를 줄일 수 있다.

패치 도구는 넓은 영역 제거에 탁월하며, 스팟 복구 브러시 도구와 일반 복구 브러시 도구의 최대 약점인 사진 가장자리에 있는 요소를 제거할 때 번지는 현상을 방지하는 기능도 가지고 있다.

패치 도구는 포토샵의 올가미 도구 기능이 결합된 라이트룸의 스팟 제거 도구와 같은 기능이다. 예제의 경우, 사진 왼쪽 가장자리에 있는 작은 배를 제거하려고 한다.

포토샵에서 패치 도구(⬚)를 선택한다(도구가 선택될 때까지 Shift + J를 누른다). 도구로 제거하려는 요소와 근접한 영역의 공간을 여유 있게 드래그해서 선택한다. 이때 무엇인가 제거했다는 흔적이 남지 않도록 반영이나 그림자까지 선택하는 것을 잊지 말자.

영역을 선택한 다음 선택 영역 내부를 클릭하고 근처의 깨끗한 영역으로 드래그한다. 예제의 경우에는 오른쪽으로 드래그하자 오른쪽으로 드래그한 영역이 복제되어 왼쪽 영역에 적용되었다.

패치 도구의 장점 중 하나는 원본 선택 영역에 마우스 버튼을 놓아 적용한 결과가 실시간 미리 보기로 나타나기 때문에 복제할 영역의 위치를 고르기 쉽다는 것이다.

오른쪽의 큰 배가 있는 곳으로 드래그해 보면 무슨 의미인지 이해할 것이다. 만약 여기에서 마우스 버튼을 놓으면 문제가 생길 것이다. 미리 보기를 활용해서 적절한 영역을 쉽게 찾을 수 있다.

**STEP 03**

원래 선택했던 영역의 미리 보기를 확인하고 마우스 버튼을 놓으면, 선택 영역이 제자리로 돌아가고 배가 제거된다. 예제 사진에서는 배가 흔적도 없이 사라졌다. 이제 Ctrl+D를 눌러 선택을 해제한다.

보정 후 흔적이 남거나 완벽하게 제거하지 못했다면, 패치 도구로 선택 영역을 설정하고 다른 위치로 드래그해서 제거한다.

Step 02의 예제 사진을 보면, 왼쪽 아랫부분에 배의 엔진이 있으므로 제거해 보자. 패치 도구 (◼)로 엔진이 있는 영역을 선택하고 근접한 깨끗한 영역으로 드래그한 다음 마우스 버튼을 놓는다.

**Tip**

**번짐 현상 보정하기**

제거하는 요소가 사진의 가장자리에 있는 경우 패치 도구를 사용하면 효과를 적용한 영역에 번짐 현상이 나타날 수 있다. 그러한 경우에는 Ctrl+Z를 눌러 취소한 다음 옵션바에서 Patch를 'Content-Aware'로 지정하고 다시 시도하면 번짐 현상이 사라진다. 또 다른 해결법은 스탬프 도구로 사진에서 선명한 가장자리를 복제한 다음 제거하는 것이다. 가장자리와 제거 영역 사이에 차이가 나타나면, 패치 도구를 선택하고 Patch를 'Normal'로 지정한 다음 제거한다.

**STEP 04**

예제 사진에는 큰 배 앞의 반영 아래에 작은 영역도 선택한 다음 근처의 깨끗한 영역으로 드래그하여 제거했다.

패치 도구의 탁월한 기능은 패치 도구를 자주 사용하게 만든다.

## 복제를 이용한 큰 방해 요소 제거하기

사진에 큰 방해 요소가 있는 경우, 필자는 가장 먼저 방해 요소를 덮을만한 영역이 사진에 있는지 살펴본다. 이번 예제 사진의 경우에는 오른쪽 벽을 복사해서 왼쪽의 넝쿨이 있는 벽을 대체하려고 한다.

계획은 언제나 동일하다. 사진의 다른 영역을 복제해서 나쁜 영역을 덮는 것이다.

**STEP 01**

라이트룸에서 보정할 사진을 선택하고 Ctrl +E를 눌러 포토샵으로 불러온다. 사진 왼쪽 넝쿨로 덮인 벽을 오른쪽 벽으로 대체해 보자.

**STEP 02**

사각형 선택 도구(▦, M)를 선택한 다음 오른쪽 벽을 드래그한다. 사진 위부터 아래까지 드래그하는 것을 잊지 말자.

Ctrl + J 를 눌러 선택 영역을 별도의 레이어로 만든다. 왼쪽 벽을 덮기 위해 선택 영역을 수평으로 뒤집어야 한다. Ctrl + T 를 눌러 자유 변형 상자를 표시하고 상자 안쪽을 마우스 오른쪽 버튼으로 클릭한 다음 [Flip Horizontal]을 실행하여 사진을 뒤집는다.

마우스 포인터를 변형 상자 안쪽에 올려 검은색 화살표로 변경한 다음 왼쪽으로 드래그해서 넝쿨이 덮인 벽을 가린다.

**Tip**

**완벽한 위치 맞추기**

이번 예제 사진에는 필요하지 않지만, 사진 일부분으로 다른 영역을 덮는 경우에 이동하는 레이어의 Opacity를 일시적으로 낮추면 하위 레이어와 위치를 일치시키는 데 도움이 된다(Free Transform 변형 상자가 있는 상태에서도 Layers 패널에서 Opacity 설정 변경이 가능하다).

## STEP 05

Step 04의 예제 사진을 보면, 사진 아랫부분 계단이 어긋나서 보정한 흔적이 남을 것이다. 가운데 아랫부분 조절점을 아래로 드래그해서 사진을 늘려 어긋난 계단을 맞춘다. 완료하면 변형 상자 바깥쪽을 클릭해서 변형을 적용한다.

## STEP 06

물론 뒤집은 벽의 선명한 경계도 보정이 필요하다. 원래 있던 벽과 복사해서 붙인 벽 사이 경계를 지워 부드럽게 전환되도록 만들면 된다. 경계를 지우려면 지우개 도구와 같은 경계가 선명한 도구를 사용하는 대신 Layers 패널에서 'Add a Mask' 아이콘(□)을 클릭해서 레이어 마스크를 추가한다. D와 X를 눌러 전경색을 '검은색'으로 지정한다.

브러시 도구(✔)를 선택하고 외곽이 부드러운 브러시로 지정한 다음 선명한 경계를 드래그해서 제거한다.

가장자리를 드래그하다가 실수를 해도 전경색을 '흰색'으로 지정하고 드래그하면 된다.

**STEP 07**

마지막 두 단계는 사진을 조금 더 사실적으로 만드는 과정이다.

첫 번째로, 오른쪽 계단과 너무 똑같으면 부자연스러우므로 'Background' 레이어 왼쪽 계단이 드러나도록 왼쪽 아랫부분 계단을 드래그한다.

**STEP 08**

마지막 단계는 왼쪽 벽이 오른쪽 벽과 완벽하게 똑같아 보이지 않도록 만드는 것이다.

Layers 패널 오른쪽 윗부분 메뉴 아이콘(▤)을 클릭하고 [Flatten Image]를 실행해서 레이어 마스크 레이어와 'Background' 레이어를 병합해 하나의 레이어로 만든다.

스팟 복구 브러시 도구(✦, J)를 선택하고 벽에 있는 점이나 얼룩을 제거한다. 오른쪽 벽과 동일한 위치에 있는 점이나 얼룩을 제거하면 다르게 보인다. 제거하려는 점이나 얼룩보다 약간 큰 크기로 설정한 다음 한 번 클릭해서 제거하는 것으로 보정을 마무리한다.

# Content-Aware Fill로 방해 요소 제거하기

복구 브러시 도구는 점이나 주름 등 작은 요소 제거에 적합하고, 패치 도구는 큰 요소 제거에 적합하다. 덮기, 제거, 수정, 숨기기를 모두 할 수 있는 Content-Aware Fill 기능은 놀라운 기술이지만 사용법은 간단하다. 이 기능은 특히 렌즈 왜곡 현상을 보정했거나 파노라마 사진을 만든 다음 비는 모서리나 가장자리를 채우는 데 탁월하나. Content-Aware Fill 기능은 빠르고, 쉽고, 깔끔하게 이러한 문제점을 보정할 수 있다. 여기서는 간단한 Content-Aware Fill 보정을 해 본 다음 더 높은 수준의 기법을 시도할 것이다.

오른쪽 창과 기둥, 전경에 있는 풀, 그리고 왼쪽 작은 창턱 가장자리를 제거해 보자. 이 기능은 'Content-Aware'라는 이름대로 제거하려는 피사체 주변에 있는 사물을 인식하고 분석해서 최대한 효과적으로 채운다.
사각형 선택 도구(▤, M)를 선택하고 창과 기둥이 있는 영역을 그림과 같이 선택한다.

**STEP**
**02**

사진이 'Background' 레이어라면 Back Space 를 눌러 [Fill] 대화상자를 표시한다. Contents 는 기본적으로 'Content-Aware'로 지정되어 있다. [OK] 버튼을 클릭한다.
사진이 'Background' 레이어가 아니라면 [Edit]-[Fill](Shift + F5)을 실행해 대화상자를 표시하고 Contents를 'Content-Aware'로 지정한 다음 [OK] 버튼을 클릭한다.
Ctrl + D 를 눌러 선택을 해제한다.
올가미 도구(◉, L)를 선택하고 사진 아랫부분에 남아 있는 풀을 드래그한다.

## STEP 03

Back Space 를 눌러 [Fill] 대화상자를 다시 표시하고 [OK] 버튼을 클릭하여 풀을 제거한다.

올가미 도구(  )로 창턱을 선택하고 [Fill] 대화상자를 표시한 다음 [OK] 버튼을 클릭하여 제거한다.

[Fill] 대화상자에서 'Color Adaptation'에 체크 표시하면 보정 영역과 주변 영역 색상이 조화롭게 섞인다.

### Tip

**Content-Aware Fill이 제대로 작동하지 않는 경우**

영역을 선택하고 Content-Aware Fill 기능을 적용했는데, 변화가 없거나 결과가 만족스럽지 않은 경우에는 Ctrl + Z 를 눌러 적용을 취소하고 다시 시도해 본다. 이 기능은 샘플 영역을 무작위로 선택하기 때문에 재시도하면 더 나은 결과를 얻을 수도 있다.

## STEP 04

오른쪽 창과 기둥뿐만 아니라 다른 방해 요소들도 모두 제거했다. Content-Aware Fill은 하늘, 벽, 나무, 배경 등과 같은 요소 보정에 탁월하다.

Step 01의 원본 사진을 최종 사진으로 만드는 데 30초밖에 걸리지 않았다. 이 기능의 탁월함에 항상 놀라지만, 사진과 제거 대상에 따라 일부만 제거되는 경우도 있다.

결과가 완벽하지 않은 경우에는 최소한 일부 영역 혹은 대부분의 영역 보정은 성공했는지 생각해 보자. 일부 영역만 보정에 성공해도 복구 브러시나 스탬프 도구를 사용해야 하는 어려움이 줄어든다.

다음 과정에서 Content-Aware Fill의 고급 기법을 알아보자. 필자는 이번에 배운 기법의 효과가 없는 경우 다음 방법을 사용한다.

# Content-Aware Fill
## 고급 기능 익히기

앞 프로젝트에서 Content-Aware Fill을 사용해 간단한 방법으로 방해 요소를 제거해 보았다. 그러나 Content-Aware Fill은 매우 중요한 기술이므로 어도비는 더 나은 결과를 얻을 수 있는 작업 환경을 따로 만들었다. 작업 환경을 통해 Content-Aware Fill 샘플 영역을 사용자가 직접 설정할 수 있다.

앞에서 배운 기본 방법이 만족스러운 결과를 얻지 못할 경우 다음 기능을 사용하기 바란다.

**STEP 01**

예제 사진에서 왼쪽 파이프와 붉은색 벽과 흰색 벽을 제거해 더 깔끔한 사진으로 만들어 보자. 먼저 앞에서 배운 간단한 Content-Aware Fill 기능으로 보정을 시도해 보자.

사각형 선택 도구(▦)를 선택하고 파이프와 벽 부분을 드래그해서 선택한다.

**STEP 02**

사진이 'Background' 레이어에 있으므로 Back Space 를 눌러 [Fill] 대화상자를 표시한다. Contents를 'Content-Aware'로 지정하고 [OK] 버튼을 클릭한다.

기능이 오른쪽 창을 샘플 영역으로 잘못 지정하여 그림과 같은 결과가 나왔다.

Ctrl + Z 를 눌러 선택을 취소하자.

[Edit]-[Content-Aware Fill]을 실행한다.

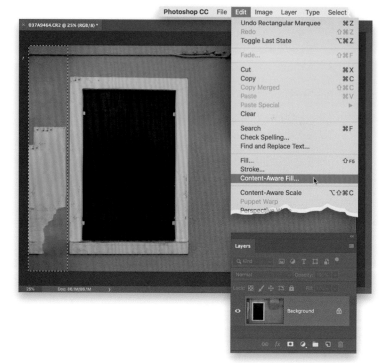

STEP 03

새 작업 환경이 표시된다. 왼쪽에는 Tools 패널이 있고, 선택 영역 외부가 녹색으로 표시된 이미지 창과 보정 결과가 나타나는 Preview 패널이 있다(패널 아랫부분의 슬라이더를 사용해 미리 보기 크기를 조절한다). 오른쪽에는 Content-Aware Fill 패널이 표시된다.

이 시점에서는 아직 앞 단계 결과와 다른 점이 없다. 자동 기능은 여전히 흰색 창틀을 샘플 영역으로 사용했다.

Content-Aware Fill 패널의 Sampling Options 항목에서 Indicates를 'Excluded Area'로 지정한다. 그러면 Content-Aware Fill이 사용하기 원하지 않는 영역을 드래그해서 녹색 영역에 포함할 수 있다.

**Note**

선택에서 제외된 영역을 표시하는 녹색이 마음에 들지 않는다면 Color 색상 상자를 클릭해 다른 색상을 지정할 수 있으며, Opacity에서 불투명도를 설정할 수도 있다.

STEP 04

Content-Aware Fill이 흰색 창을 샘플 영역으로 선택하기 때문에 그 영역을 제외해야 한다. 샘플링 브러시 도구(🖌)를 선택하고 옵션바에서 'Add' 아이콘(⊕)을 클릭한 다음 추가 브러시로 설정하거나, [Alt]를 누른 채 창 옆면을 드래그한다.

샘플 제외 영역을 선택하면 Preview 패널에 변경된 설정을 실시간으로 업데이트한 결과가 나타나 더 이상 흰색 창틀 일부가 보이지 않는다. 실수로 문제를 더 심하게 만드는 영역을 드래그했다면, 옵션바에서 'Subtract' 아이콘(⊖)을 선택하고 드래그해서 지운다.

**STEP 05**

Step 04의 사진을 보면 보정을 했을 때 왼쪽 윗부분에 있는 전선을 제거하는 대신 연장했다. 그것은 그 영역을 샘플 영역에서 빼지 않았기 때문이다. 샘플링 브러시 도구( )로 전선이 있는 영역을 드래그하면 샘플 영역에서 제외하고 보정한 것을 Preview 패널에서 볼 수 있다.

이제 다른 사진으로 Content-Aware Fill 작업 환경 선택 항목을 살펴보자.

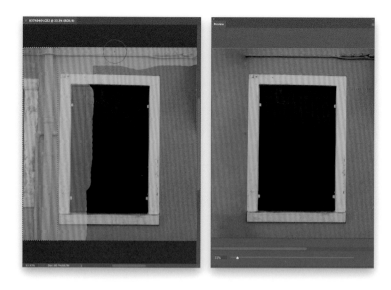

**STEP 06**

다른 문제점을 가진 예제 사진을 다른 해결법으로 보정해 보자.

Content-Aware Fill 패널 Fill Settings 항목의 Rotation Adaptation은 Content-Aware Fill이 원형 피사체에서 샘플 영역을 선택하는 방식을 설정한다.

예제의 오른쪽 접시는 아랫부분 세부 요소가 밝은 하이라이트 때문에 잘 보이지 않는다.

올가미 도구( , L )를 선택한 다음 Content-Aware Fill 작업 환경을 불러왔다. 왼쪽 아랫부분 예제 사진은 기본 보정을 적용한 결과인데 무늬가 이상해졌다.

이와 같은 문제를 해결하기 위해 Rotation Adaptation을 'High'로 지정하자 오른쪽 아랫부분 그림과 같이 훨씬 나은 결과를 얻었다.

기본 보정

Rotation Adaptation을 'High'로 지정한 보정

New Layer

Duplicate Layer

**STEP 07**

이번 사진에는 치킨이 담긴 접시에서 샐러리를 제거하고 싶다. 올가미 도구()로 샐러리를 선택해서 샘플 제거 영역으로 표시했다.

기본 Content-Aware Fill 기능을 적용하니 왼쪽 아랫부분 그림처럼 나와 결과가 만족스럽지 않다.

이러한 경우 Fill Settings 항목에서 'Mirror'에 체크 표시하여 샘플 영역을 뒤집어 보자. 오른쪽 아랫부분 그림은 기본 보정보다 훨씬 개선된 것을 볼 수 있다.

Color Adaptation은 이번 예제에서 도움이 되지 않았다.

'Scale'은 덧입혀지는 부분의 크기를 조절하는 옵션으로 바닥이나 배경에 반복된 패턴이 있는 경우 유용하다.

**STEP 08**

Output Settings 항목에서는 보정한 다음 처리 방식을 지정한다.

❶ Current Layer: 보정 설정을 현재 편집 중인 사진 레이어에 바로 적용한다.

❷ New Layer: 보정 설정을 사진 위에 별도의 레이어를 만들어 적용한다.

❸ Duplicate Layer: 사진 레이어를 복제해서 보정 설정을 복제 레이어에 적용한다.

옳은 선택은 없으며, 선택은 여러분에게 달렸다. 필자는 일반 Content-Aware Fill 기능을 적용하는 것처럼 현재 작업 중인 사진 레이어에 바로 적용한다.

## Chapter 09

# 일반적인 문제 보정하기

## PROBLEMSKI

문제가 있는 사진을 보정하는 챕터의 제목으로 벨기에 코미디 영화인 'Problemski Hotel(2015)' 보다 더 잘 어울리는 제목은 없을 것이다. 물론 TV 단편 'Problems(II)'나 미니시리즈 'Problems(1988/2012)'처럼 알아보기 쉬운 제목을 사용해도 되지만, 그것은 게으른 작가나 하는 짓이다. 필자는 게으른 작가가 아니라 졸린 작가이다. 두 종류는 완전히 다르다.

필자는 독자들을 위해 노력한다. 'Problems'와 같은 쉬운 제목을 챕터 제목으로 사용할 정도로 여러분의 가치를 가볍게 여기지 않는다.

시간을 투자하기 싫은 것이 아니라 '일반적인 문제 보정하기'와 관련된 TV 프로그램이나 영화 제목이 있는지 더 깊이 조사할 수 있을 때까지 깨어 있는 것이 불가능하다. 그래서 이 책의 이전 버전에서 기능을 매우 상세하게 묘사한 영화들, TV 프로그램들 또는 곡 제목들을 발견했을 때 정말 놀랐다.

예를 들어 '포토샵의 상급 마스킹과 영역 선택 기능'이라는 영화 제목을 찾을 줄은 상상도 하지 못했다. 2006년에 이 영화는 세계 영화 시상식에서 위대한 유럽 공적상을 수상하였으며, 아프리카 국가 중 하나인 자문다의 아킴 조퍼 왕자가 시상자였다. 그때 아슬아슬하게 탈락한 후보작은 '호박 같은 나의 삶과 카메라 로우 팁과 비법'이었다. 이 영화는 NBA의 포트랜드 트레일블레이저 포인트 가드가 되는 것이 꿈이었던 소년이 작은 키 때문에 꿈을 이루지 못하고 무너지는 영화이다.

이번 챕터 제목은 사실 수월하게 얻은 편이며, 필자는 여러분을 위해 옳은 판단을 했다고 생각한다. 마치 'Problemski Hotel' 마지막 장면의 러시아어 대사 같다. "오, 이런! 호텔 방에 있는 금고 비밀번호를 잊어버렸어요.", 이런 일이 생길 줄 상상도 못 했을 것이다.

# 사진을 보호하며 일부 영역 크기 조절하기

필름 카메라를 사용하지 않은지 오래되었지만 할인점 사이트에서 액자를 살펴보니 과거 35mm 필름 규격의 액자(8×10, 11×14)를 여전히 판매하고 있었다. 시대에 뒤쳐진 액자 크기에 놀랐다. 다행히 포토샵에는 크기 조절로 생기는 흰색 여백을 손상 없이 채우는 방법이 있다.

**STEP 01**

예제 사진은 디지털 사진을 필름 사진 크기인 8×10인치에 맞춘 것이다. 사진을 자르지 않고 크기를 설정하니 윗부분과 아랫부분에 흰색 여백이 생겼다.

예제에서는 피사체는 그대로 유지하고 나머지 영역을 확장할 수 있는 Content-Ware Scale 기능을 사용해서 문제를 해결해 보자. 이 기능은 피사체를 인식해서 중심 피사체가 없는 영역의 크기만 조절한다. [Edit]-[Content-Aware Scale]을 실행한다.

**STEP 02**

사진 둘레에 조절점이 표시된다. 조절점을 드래그하기 전에 더 나은 결과를 얻기 위해 사진에 인물이 있다는 점을 포토샵에게 알려 주는 것이 좋다. 옵션바에서 'Protect Skin Tones' 아이콘(🧍)을 클릭해서 피부색이 있는 영역은 유지하도록 설정한다.

가운데 윗부분 조절점을 위로 드래그해서 빈 공간을 채운다. 인물 위에 있는 천장과 벽만 늘어나고 인물은 늘어나거나 왜곡되지 않았다. 이것이 바로 Content-Aware Scale의 위력이다.

STEP
03

사진 가운데 아랫부분 조절점을 아래로 드래그하여 빈 공간을 채운다. 이번에도 역시 인물은 그대로 유지되었다.

[Enter]를 눌러 변형을 마친다.

인물에는 영향을 미치지 않고 위아래 여백을 완벽하게 채웠다. 유의할 점이 있는데, 모든 사진에 이 방법을 사용할 수 있는 것은 아니며(물론 모든 기능이 마찬가지이다), 사진을 무한대로 늘릴 수 없다는 것이다. 과도하게 늘리면 피사체 형태에도 영향을 미친다. 그러나 다음 단계에서 피사체에 영향을 미치기 시작할 때 도움이 되는 비법을 알려줄 것이다.

STEP
04

원하지 않는 영역이 늘어난다면, [Ctrl]+[Z]를 눌러 설정을 취소한 다음 올가미 도구(⬤, [L])를 선택해서 보호해야 하는 영역을 여분의 영역이 넉넉하게 드래그하여 선택한다. 그리고 [Select]-[Save Selection]을 실행한다.

[Save Selection] 대화상자에서 아무 설정도 하지 않고 [OK] 버튼을 클릭하여 선택 영역을 알파 채널로 저장한다. 이제 [Edit]-[Content-Aware Scale]을 실행하고 보정을 하기 전에 윗부분의 옵션바에서 Protect를 'Alpha 1'로 지정한다. 그러면 포토샵이 극도의 비상 상태가 아닌 이상 알파 채널로 저장한 선택 영역에 영향을 미치지 않고 보정을 할 것이다.

이 방법은 사진을 늘리기 전에 보호 영역을 설정해서 더 나은 결과를 얻을 수 있도록 돕는 기능이다.

# 경계에 나타나는 헤일로 현상 보정하기

사물 경계를 따라 나타나는 헤일로 현상은 모든 사진가들이 원하지 않는 문제점이다. 간혹 자연 현상에 의해 나타나기도 하지만, 대부분의 경우 후 작업에 의해나타난다. 헤일로 현상은 특히 높은 설정의 계조 대비 효과나 높은 선명도 혹은HDR 사진 효과를 과도하게 적용했을 때 나타나기 쉽다. 라이트룸에서는 헤일로현상을 제거하는 것이 어렵지만, 포토샵에서는 쉽게 보정할 수 있다.

**STEP 01**

후 작업을 마친 예제 사진 전경 바위 둘레에 헤일로 현상이 보인다. Step 02의 확대한 사진을보면, 밝고 선명한 흰색 띠가 경계를 따라 나타나는 것을 볼 수 있다. 그러나 보정하기 어려운문제는 아니다.

**STEP 02**

헤일로 현상을 더 잘 볼 수 있도록 사진을 줌인해서 확대했다. 헤일로 현상을 제거할 때 바위 경계를 따라 보정 영역을 설정해야 한다. 피사체를 보호하기 위해 담장을 세우는 것이다.이러한 경우 빠른 선택 도구(🖊, ⓦ)를 사용한다. 피사체 바깥쪽 경계를 따라 드래그하면 울퉁불퉁한 경계선을 따라 영역이 선택된다.

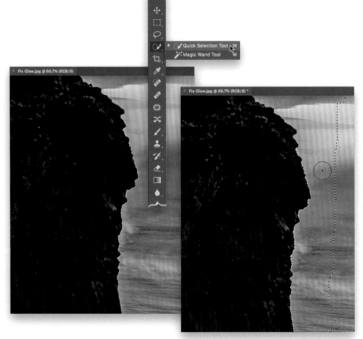

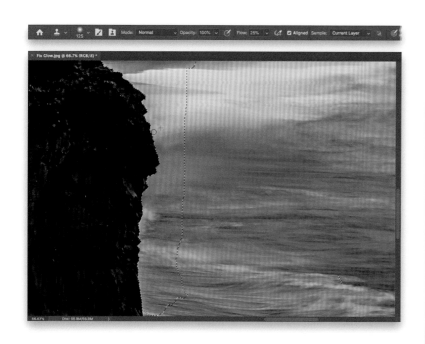

## STEP 03

스탬프 도구()를 선택한다(자세한 사용법은 164쪽 참고). 브러시는 부드럽고 작은 크기로 설정한다.

옵션바에서 Flow를 '25%'로 설정한다(여러 번 반복해서 드래그할 수 있다). Alt 를 누른 채 바위 경계에서 1/4인치 정도 떨어진 지점을 클릭해 샘플 영역으로 설정한 다음 경계를 따라 브러시를 드래그한다.

사진을 들여다보면, 마우스 포인터 오른쪽에 보이는 십자선이 있는 위치가 샘플 영역이며, 샘플 영역을 복사해서 브러시로 드래그하는 영역에 적용해 헤일로 현상을 제거하는 것을 알 수 있다.

헤일로 효과 폭이 더 넓은 경우 브러시 크기를 더 크게 설정하고, 샘플 영역은 너무 근접한 영역을 선택하지 않으면서도 헤일로 효과가 나타나지 않는 주변 영역을 선택한다.

보정 전

보정 후

# 안경 렌즈 반영 제거하기

안경 렌즈에 생긴 반영을 제거하는 방법에 대한 많은 질문을 받고 있다. 그 이유는 반영을 제거하기가 어렵기 때문이다. 운이 좋다면, 한 시간 이상 복제 기능을 붙잡고 씨름하면 될 것이다. 그러나 만약 촬영할 때 30초만 투자해 안경을 벗은 사진을 찍어 두면(긱 포즈마다 안경을 빗은 사진을 찍어 두면 좋다), 포토샵에서 간단한 방법으로 반영을 제거할 수 있다.

**STEP 01**

이번 프로젝트를 진행하기 전 위의 도입문을 먼저 읽기 바란다. 그렇지 않다면 다음 단계를 이해하지 못할 것이다.

예제 사진 안경에는 반영이 나타난다. 인물이 안경을 벗은 사진도 추가로 촬영해 두어야 한다. 이때 인물은 움직이지 않고 포즈를 유지하도록 다른 사람이 안경을 벗겨 주는 것이 좋다. 안경을 벗은 사진도 촬영해 두었다.

**STEP 02**

두 번째 사진을 촬영할 때 인물 머리가 약간 움직였지만 두 장의 사진을 쉽게 맞출 수 있다. 안경이 없는 사진에서 Ctrl + A 와 Ctrl + C 를 눌러 복사하고 안경 있는 사진으로 이동한 다음 Ctrl + V 를 눌러 붙인다.

'Background' 레이어에서 아래에 있는 사진을 볼 수 있도록 Opacity를 '60%' 정도로 낮춘다. 이동 도구(✛, V )를 선택하고 두 장의 사진이 완벽히 겹치도록 드래그해서 위치를 조절한다.

사진 위치를 자동으로 맞추는 방법을 사용하기 전에 Layers 패널의 Opacity를 '100%'로 복구한다. 그리고 포토샵의 자동 기능에 맡길 것이다. Ctrl 을 누른 채 레이어 두 개를 각각 클릭해서 일괄 선택한다.

[Edit]-[Auto-Align Layers]를 실행하고 대화상자에서 Projection을 'Auto'로 지정한 다음 [OK] 버튼을 클릭해 자동 기능을 적용한다. 보통 레이어 두 개를 맞춘 다음 사진 가장자리 여백이 생기므로 잘라내야 하는 경우에는 자르기 도구( , C )를 선택해서 크로핑 경계를 클릭하고 여백이 모두 잘리는 지점까지 안쪽으로 드래그한 다음 Enter 를 눌러 자른다(두 개의 레이어는 분리되지 않고 붙어 있다).

윗부분 레이어를 클릭해서 활성화하고 Alt 를 누른 채 Layers 패널에서 'Add a Mask' 아이콘( )을 클릭하면, 검은색 마스크가 만들어진다. 이제 반영이 있는 안경을 쓴 사진만 보인다.

STEP
05

돋보기 도구(🔍)로 안경이 있는 부분을 확대하고 ⓓ를 눌러 전경색을 '흰색'으로 지정한다. 브러시 도구(🖌)를 선택하고 옵션바에서 외곽이 부드러운 브러시를 선택한다.

브러시로 안경테 안쪽을 드래그하기 시작하면 안경을 벗은 사진에 있는 눈이 나타난다. 즉, 드래그하는 영역 상위 레이어에 있는 사진이 나타나는 것이다. 안경테 경계는 경계가 선명한 브러시를 사용해야 하기 때문에 경계까지 드래그하지 않는다. 지금 경계가 부드러운 브러시를 사용하는 이유는 드래그해서 나타나는 다른 사진의 영역이 원본 사진과 부드럽게 혼합되도록 하기 위해서이다.

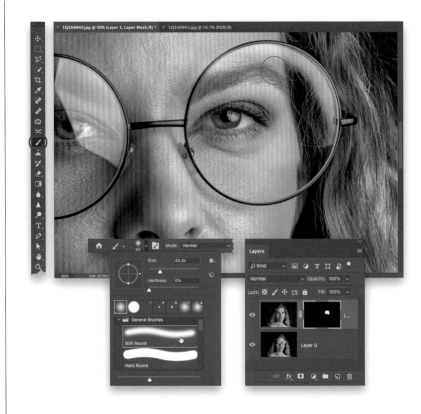

STEP
06

옵션바에서 외곽이 선명한 둥근 브러시를 선택한 다음 안경테 경계를 따라 드래그한다. 실수로 안경테까지 드래그했다면, ⓧ를 눌러 전경색을 다시 '검은색'으로 지정하고 실수로 드래그한 영역을 다시 드래그해서 복구한다. 바로 이런 점 때문에 지우개 도구 대신 레이어 마스크를 사용한다.

실수를 하면 레이어 마스크를 삭제하고 다시 시작할 수 있다.

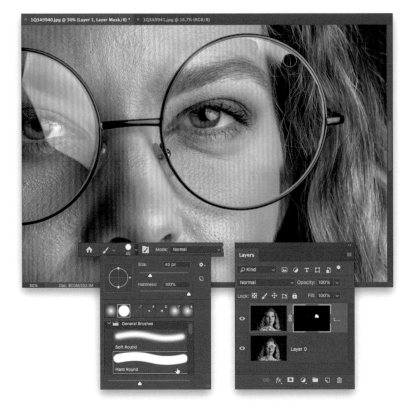

STEP
07

거의 모든 영역을 드래그했다면 사진을 더 크게 확대해서 놓친 영역이 없는지 확인한다. 그리고 안경테 경계를 드래그할 때는 ⏹를 사용해 브러시 크기를 최대한 작게 설정한다. 한쪽 보정을 완료하면 반대편도 동일한 방법으로 반영을 제거한다.

반영이 나타나는 안경 렌즈

반영을 제거한 결과

# 단체 사진 보정하기

단체 사진은 언제나 큰 도전 과제이다. 항상 단체 중 누군가는 술이 깨지 않은 상태이기 때문이다(농담이다). 진짜 문제점은 단체 사진에는 항상 한 명 이상은 눈을 감거나, 웃지 않고 있거나, 카메라를 보고 있지 않다는 것이다. 이러한 단체 사진의 문제점을 보정하는 방법은 두 가지이다.

첫째는 삼각대를 사용해 촬영한 사진 보정법이며, 둘째는 카메라를 손에 들고 촬영한 사진 보정법이다.

예제 사진은 삼각대를 사용해서 촬영한 단체 사진이다. 맨 오른쪽에 있는 팔짱을 낀 에릭이 눈을 감았다. 단체 사진을 연속으로 여러 장 촬영하는 이유가 바로 이 점 때문이다. 누군가는 이렇게 눈을 감거나 이상한 순간에 포착되거나 웃지 않는다. 이제 에릭이 눈을 감지 않고 있는 사진을 찾는다.

이번 사진에서는 에릭이 잘 나왔지만, 최종 사진으로는 적합하지 않다고 판단했다. 에릭을 제외한 나머지 인물들이 앞의 예제 사진에 훨씬 더 잘 나왔기 때문이다. 그래서 지금 네 명이 잘 나온 사진과 한 명만 잘 나온 사진, 이렇게 두 장의 사진이 있다. 그렇다면 눈을 감지 않은 에릭을 Step 01 사진에 추가해 보자.

## STEP 03

올가미 도구(🔘, ⓛ)를 선택한 다음 예제와 같이 에릭 얼굴을 선택한다. 반드시 필요하다고 판단되는 경우가 아니라면 머리 전체를 선택할 필요는 없다. 머리 전체를 대체하는 것보다 얼굴만 대체하는 방법이 훨씬 쉽다. 예제의 경우에는 눈이 있는 영역만 선택해도 되지만 사람들은 사진 두 장을 찍어도 그 사이에 머리를 움직이기 때문에 필자는 보통 얼굴 전체를 선택한다. 얼굴을 선택한 다음 Ctrl + C를 눌러 복사한다.

## STEP 04

에릭이 눈을 감고 있는 첫 번째 사진을 표시하고 [Edit]-[Paste Special]-[Paste in Place] (Shift + Ctrl + V)를 실행한다.
Paste in Place는 이러한 사진 보정에 사용하기 적합하다(다음 단계에서 어떤 기능인지 확인할 것이다).

STEP
05

Paste in Place는 복사한 부분을 다른 사진에서 정확히 동일한 위치에 붙인다. 예제는 삼각대로 카메라를 고정해서 촬영했기 때문에 이 기능을 사용하면 좋다. 만약 두 사진 사이에 머리 위치가 약간 차이가 난다면, 이동 도구(⊕, ⓥ)로 위치를 조절한다.

STEP
06

필자는 삼각대를 사용해서 촬영했기 때문에 멋진 단체 사진을 만들 수 있었다. 그러나 손으로 카메라를 들고 촬영한 단체 사진은 약간 다른 방법으로 보정한다.

먼저, 두 장의 사진을 한 장의 사진으로 만들어야 하므로 에릭 표정이 잘 나온 사진을 불러오고 Ctrl + A, Ctrl + C를 눌러 사진을 전체 복사한다.

다른 사진으로 전환해 Ctrl + V를 눌러 붙이면, 별도의 레이어로 나타난다. 그러나 두 사진 사이에 인물이 조금이라도 움직였다면(누군가는 반드시 움직이게 되어 있다), 두 장의 사진이 완벽하게 겹쳐지지 않는다. 다행히 포토샵이 자동으로 레이어를 맞춰 준다.

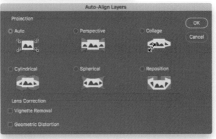

Layers 패널에서 Ctrl을 이용해 두 레이어를 일괄 선택하고 **[Edit]-[Auto-Align Layers]**를 실행한 다음 'Auto'를 선택해 포토샵이 자동으로 두 레이어를 맞추도록 한다. [OK] 버튼을 클릭한다.

이 기능을 적용하고 사진 가장자리를 약간 잘라내야 하는 경우 자르기 도구(, C)를 사용한다.

Paste in Place나 Auto-Align Layers로 두 레이어 위치를 완벽하게 맞춘 다음 윗부분 레이어만 활성화하고 Alt를 누른 채 'Add a mask' 아이콘()을 클릭해서 에릭이 눈을 감지 않은 사진이 있는 상위 레이어를 검은색 마스크로 숨긴다.

브러시 도구(, B)를 선택하고 옵션바에서 외곽이 부드러운 브러시를 선택한 다음 에릭의 얼굴을 드래그한다.

드래그하는 영역에 눈을 뜬 에릭의 얼굴이 나타나 모두가 멋지게 나온 단체 사진을 완성할 수 있다.

# 찾아보기